CANCER : alimentation et réduction des risques

50 recettes

saines et savoureuses

Dr Clare Shaw

recettes
de Sara Lewis

O OCTOPUS

Publié pour la première fois en Grande-Bretagne en
2005 chez Hamlyn, pour Octopus Publishing Group
Limited, Londres.
© 2005 Octopus/Hachette-Livre pour la traduction
et l'adaptation française
© 2005 Octopus Publishing Group Limited

Dépôt légal 48055 – mai 2005
ISBN : 2-0126-0290-8
Imprimé en Chine

POUR L'ÉDITION FRANÇAISE
Traduction : Claire Mulkaï
Adaptation et révision : Atelier Gérard Finel, Paris
Révision : Florent Founès, Stéphane Durand
Mise en page : Cécile Boileau

L'analyse nutritionnelle est donnée pour une part.
Quand il est indiqué « 6-8 parts », l'analyse concerne
le premier chiffre (6).

Les personnes allergiques aux noix, noisettes, cacahuètes, etc., doivent éviter les recettes contenant
ces fruits ou leurs dérivés, et les personnes fragiles
doivent éviter les plats contenant des œufs peu ou
pas cuits.

sommaire

INTRODUCTION 4

Qu'est-ce que le cancer ? 6

Qu'est-ce qui provoque le cancer ? 8

Alimentation et cancer 10

Influence de l'alimentation 12

Substances protectrices 14

Aliments riches en amidon et protéines 16

Légumes et fruits 18

Viande, poisson et œufs 20

Matières grasses 22

Sel 24

Alcool 25

Préserver les qualités nutritives 26

Poids et exercice 28

Quelques questions-réponses 30

RECETTES

Petits déjeuners 36

Boissons rafraîchissantes 46

Collations 56

Plats de résistance 70

Recettes végétariennes 84

Desserts 100

Gâteaux et pâtisseries 114

Bibliographie 124

Index 125

Remerciements 127

Introduction

Nous savons tous que la manière dont nous nous alimentons n'est pas sans incidence sur notre santé. Aujourd'hui, il ne fait plus guère de doute que nos habitudes alimentaires peuvent jouer un rôle dans l'apparition du cancer.

Le cancer suscite encore de nombreuses peurs. Pourtant, grâce aux avancées en matière de dépistage et de traitement, de plus en plus de patients connaissent une rémission complète et, dans les pays occidentaux comme l'Angleterre, les États-Unis ou la France, le cancer tue moins que les maladies cardiaques. Depuis quelques années, les scientifiques portent un intérêt accru à la façon dont il se développe et à ses causes. Ils ont identifié, dans notre mode de vie, certains facteurs qui, sans être à l'origine même du cancer, en augmentent ou en diminuent les risques.

L'histoire du cancer et de ses liens avec l'alimentation est à la fois fascinante et complexe. Dans cet ouvrage, nous expliquons succinctement comment et pourquoi notre organisme en vient à générer des cellules cancéreuses, et nous évaluons les aliments à éviter, ainsi que ceux qui sont à même de nous protéger et de réduire les risques de maladie. Nous préconisons un régime sain basé sur des règles diététiques, et un apport conséquent de vitamines, de minéraux et autres composés bioactifs, et nous vous proposons des recettes conçues pour vous aider à suivre ces principes. Cela va des cocktails onctueux, riches en antioxydants, à des plats inspirés de toutes les régions du monde, sans oublier de délicieux gâteaux et desserts.

La cause d'un cancer est rarement simple ou imputable à un seul facteur, et il serait faux et naïf d'affirmer : « Consommez X potion magique, et vous éviterez tout risque de cancer. » Mais on est aujourd'hui convaincu que l'alimentation représenterait un facteur de risque dans un cancer sur trois. Voilà pourquoi une alimentation appropriée constitue un immense progrès, car cela signifie que l'on peut désormais réduire les risques de cancer.

« La recherche prouve que les femmes qui ont la rigueur de suivre les principes d'une alimentation saine peuvent réduire de 22 % le risque de développer un cancer. »

Les recommandations que nous proposons dans cet ouvrage s'adressent à des personnes en bonne santé, soucieuses de réduire les risques inhérents au cancer. Elles ne sauraient concerner les personnes atteintes par cette maladie et, malheureusement, il existe peu d'études sur le régime idéal – si tant est qu'il puisse exister – permettant d'éviter l'apparition ou la récidive du cancer.

Si vous êtes sous traitement, interrogez votre médecin sur l'opportunité de ce régime. Le traitement du cancer, qu'il s'agisse de chirurgie, de radiothérapie, de chimiothérapie ou de toute autre technique expérimentale nouvelle, peut vous faire perdre tout appétit, au risque de devenir sous-alimenté. Il est important que vous ne maigrissiez pas au cours du traitement, et le régime conseillé dans ce livre n'est peut-être pas indiqué si vous avez perdu du poids malgré vous. Mais si votre traitement est couronné de succès et que vous recouvrez l'appétit, vous pouvez de nouveau manger normalement. Alors, les recommandations de cet ouvrage ont toutes les chances d'être pertinentes.

Qu'est-ce que le cancer ?

Chaque partie de notre corps est constituée de cellules qui se regroupent pour former les différentes composantes de notre organisme : sang, peau, muscles, organes. Les cellules ne sont pas éternelles, elles se renouvellent en se divisant et en se multipliant. Si des cellules cessent de suivre le processus normal et commencent à se développer de façon anarchique, elles risquent de former une grosseur ou tumeur.

La reproduction des cellules

Le système d'information d'une cellule, qui indique à celle-ci non seulement à quelle sorte de tissu ou d'organe elle doit appartenir mais aussi quand et comment se reproduire, est contenu dans l'ADN et les gènes, au centre de la cellule, ou noyau. Si ce système se détériore ou subit une perturbation, trois conséquences sont possibles :

- les cellules réparent le dommage avant de se multiplier ;
- les cellules meurent (elles sont programmées pour mourir si l'ADN a subi des dommages irréparables) ;
- en dehors de ces deux cas, tout dommage ou toute mutation de l'ADN et des protéines a le pouvoir de se transmettre aux cellules nouvelles, en formant un groupe de cellules anormales. Cela peut être le début d'un cancer.

Toutes les tumeurs ne sont pas cancéreuses. Une grosseur non cancéreuse, appelée tumeur bénigne et

« La présence de cellules anormales dans le corps n'est pas rare ; habituellement, ces cellules meurent avant de pouvoir continuer à se multiplier. »

formée de cellules normales, peut se développer plus lentement et est moins sujette à problème, à moins de devenir très importante et d'exercer une pression sur les organes. Une fois enlevées, les tumeurs bénignes ne se reforment généralement pas. Une tumeur constituée de cellules cancéreuses est dite tumeur maligne. Ces tumeurs-là sont dangereuses, car elles risquent de se développer très vite et de se disséminer dans le corps.

Le cancer peut survenir dans n'importe quelle partie du corps ; il existe donc différentes sortes de cancers, qui s'accompagnent de symptômes très divers et nécessitent des traitements spécifiques.

Comment le cancer se propage-t-il ?

La partie du corps dans laquelle une tumeur se développe au départ est appelée foyer primitif ; mais en se multipliant les cellules cancéreuses risquent d'envahir les tissus et les organes voisins et d'affecter leur fonctionnement. Elles peuvent aussi s'étendre à d'autres tissus ou foyers, nommés tumeurs secondaires ou métastases. L'endroit où les cellules cancéreuses cessent de proliférer dépend de l'emplacement du foyer initial.

Les cellules cancéreuses se propagent par voie sanguine ou lymphatique. Le système lymphatique, comme le système sanguin, se compose d'un réseau de vaisseaux qui traversent tout le corps et puisent dans les tissus des substances qu'ils font ensuite circuler à travers l'organisme.

Quand un cancer se développe dans des cellules ou des tissus, par exemple dans la moelle osseuse, les cellules cancéreuses risquent de passer directement dans le sang au lieu de former une grosseur distincte. Ce type de cancer, dit systémique, peut se propager rapidement.

« À mesure que la recherche avance, de plus en plus de gens guérissent du cancer. »

Qu'est-ce qui provoque le cancer?

En plus des facteurs de base comme l'âge et le sexe, le risque d'avoir un cancer dépend d'un certain nombre d'éléments, qui varient eux-mêmes selon le type de cancer.

L'environnement

Certains agents, dits cancérigènes (ou carcinogènes), peuvent provoquer le cancer. Le plus connu est la fumée de tabac. Parmi les autres, citons le soleil, les radiations, l'amiante et la pollution atmosphérique, notamment le rejet des usines et des pots d'échappement. La prise en compte de l'environnement signifie que les types de cancers les plus courants varient considérablement selon les différentes régions du monde. L'un de ces facteurs est l'alimentation : ce que nous mangeons peut soit nous nuire, soit nous protéger.

Les gènes

Certains cancers, tels le cancer du côlon ou du sein, sans être à proprement parlé héréditaires, peuvent présenter des prédispositions familiales. Cela ne veut pas dire que tous les membres de la famille auront un cancer, mais que le *risque* est plus élevé chez eux que dans le reste de la population. De nombreuses études sont en cours dans ce domaine et, en ce qui concerne le cancer du sein, les gènes particuliers qui entrent en jeu dans ce risque accru ont été identifiés (on les nomme BRCA1 et BRCA2). Mais il faut savoir que les cancers causés par ces gènes représentent moins de cinq pour cent de la totalité des cancers du sein.

« Le cancer atteint plus rarement les très jeunes, mais certains facteurs environnementaux peuvent contribuer à l'apparition de cette maladie. »

Les infections virales

Certains virus peuvent provoquer une altération du matériel génétique des cellules : celles-ci risquent alors davantage de devenir cancéreuses dans le futur. Ces infections, qui ont tendance à provoquer des cancers surtout dans les pays en voie de développement, comprennent le virus HPV, responsable des verrues génitales (cancer du col de l'utérus), l'hépatite B (cancer du foie) et, en Chine, le virus d'Epstein-Barr (cancer du nasopharynx, c'est-à-dire de la zone située à l'arrière du nez). On constate aussi que le cancer survient plus fréquemment chez les personnes dont les défenses immunitaires sont déficientes, par exemple dans le cas de dépendance aux drogues, qui inhibent le système immunitaire, ou encore chez les malades du sida.

La fréquence du cancer

Certains types de cancers sont beaucoup plus fréquents que d'autres. On désigne sous le terme d'incidence le nombre de nouveaux cas de cancers survenus chaque année dans une population donnée, et les types de cancers concernés. Cela permet de savoir quelles formes de cancers sont en augmentation ou en diminution, celles qui sont courantes et celles qui sont rares. Même s'il arrive souvent que des enfants ou des jeunes soient atteints du cancer, ce sont statistiquement les personnes plus âgées qui présentent le plus de risque. Le nombre de patients touchés par le cancer est en progression constante, mais le pourcentage de guérisons est lui aussi en augmentation sensible grâce aux thérapies nouvelles.

CANCERS COURANTS DANS LES PAYS DÉVELOPPÉS

(par ordre décroissant d'incidence)

Sein

Poumon

Gros intestin (c.-à-d. côlon et rectum)

Prostate

Vessie

Estomac

Lymphomes non hodgkiniens

Cancer de la tête et du cou

Œsophage

Pancréas

Mélanomes malins

Leucémie

Ovaires

Reins

Utérus

Cerveau

Myélome

Col de l'utérus

Alimentation et cancer

Les informations concernant les liens entre alimentation et cancer sont très contradictoires ; il est donc important de comprendre comment sont menées les études pour vous permettre de former votre propre jugement.

« On pense qu'un tiers environ des cancers pourraient avoir un lien direct avec l'alimentation. »

Ce que nous apprend la recherche

Nombre de théories récentes sur les liens entre alimentation et cancer ont été testées en laboratoire et sur des animaux. Elles fournissent des pistes utiles, mais les réactions chimiques sont souvent très différentes chez les humains et chez les animaux ou dans une éprouvette. On ne peut donc pas affirmer sans risque que ce qui est vrai pour les animaux l'est aussi pour l'homme. Les informations les plus fiables proviennent d'études effectuées sur les êtres humains.

Les différents types d'études

Les *études épidémiologiques* comparent l'alimentation des personnes et l'apparition des cancers. Les habitudes alimentaires étant extrêmement diverses, ces études offrent une mine d'informations sur la façon dont la nourriture influe sur la santé.

Les *études des populations migrantes* donnent des renseignements utiles sur les facteurs alimentaires et génétiques. Des Japonais ayant émigré à Hawaii, par exemple, ont modifié leurs habitudes alimentaires, et donc leurs risques de développer certains cancers. À mesure que la cuisine japonaise traditionnelle s'est occidentalisée, la fréquence des cancers du sein et du côlon a augmenté. Ces études soulignent aussi l'importance du facteur environnemental, et pas uniquement le capital génétique individuel.

Les *études de cas témoins* cherchent les liens qui peuvent être établis en comparant le régime de personnes atteintes du cancer et de personnes similaires, mais non atteintes. On obtient d'excellents résultats quand les habitudes alimentaires diffèrent sensiblement entre les deux groupes.

Les *études de cohorte* s'attachent à la santé et au comportement alimentaire d'un ensemble de gens bien portants sur une longue période, pour déterminer les éventuelles différences entre le régime des individus touchés par un cancer et les autres.

Les *études d'intervention* effectuent des recherches sur des régimes spécifiques ou des compléments alimentaires, en se basant sur un groupe de contrôle exempté de ces aliments ou de ces compléments. Sur le plan éthique, il est évidemment exclu de proposer aux gens des substances qui pourraient augmenter le risque de cancer. Ces études portent donc sur des produits supposés censés représenter une protection contre le cancer. Les expériences en « double aveugle », quand ni les chercheurs ni les sujets ne savent à quel groupe ils appartiennent, produisent les résultats les plus fiables.

Certaines recherches suggèrent un lien possible entre alimentation et cancer ; d'autres en revanche se montrent plus affirmatives. Lorsque les preuves paraissent assez solides, des organismes prestigieux, comme le Fonds mondial pour la recherche contre le cancer ou l'Organisation mondiale de la santé (OMS), publient des brochures incitant les gens à changer leurs habitudes alimentaires (voir Bibliographie, page 124).

SÉPARER LE BON GRAIN DE L'IVRAIE

L'authenticité des résultats en matière de recherche dépend des éléments suivants :

La manière dont les études ont été menées : sur des humains, des animaux, ou sur des cellules en laboratoire.

La rigueur des essais : les personnes concernées par cette étude présentaient-elles un grand nombre de caractéristiques communes, ou bien beaucoup d'autres variables ont-elles pu modifier l'équation ?

La fiabilité des témoignages : les chiffres sont-ils basés, par exemple, sur le souvenir de ce que les personnes avaient mangé longtemps auparavant ?

Influence de l'alimentation

Des études portant sur plusieurs années ont révélé des liens probants entre régimes alimentaires et cancers.

« Les produits industriels ont remplacé dans notre alimentation la plupart des céréales complètes, des légumineuses et des racines. »

☐ La fréquence de certains cancers, en particulier de l'estomac et de l'intestin, a augmenté à mesure que les aliments industriels remplaçaient la plupart des céréales complètes, des légumineuses et des racines par de la farine blanche, des céréales et du sucre raffinés.

☐ Les cancers de l'estomac et de l'œsophage sont bien moins fréquents dans les pays où l'alimentation est riche en céréales, tubercules et féculents, lesquels couvrent souvent la moitié des besoins énergétiques, et pauvre en protéines animales (viande et produits laitiers). Dans les pays développés, l'alimentation tend à être riche en protéines animales, sucre et sel, mais pauvre en féculents.

☐ Les cancers de l'estomac sont plus fréquents dans les pays qui, par tradition, consomment beaucoup d'aliments salés, par exemple le Japon, la Chine ou le Portugal.

☐ Dans les pays du sud de l'Europe, la consommation de fruits et de légumes est généralement supérieure à celle des pays du Nord, et le Sud connaît moins de cancers de la bouche, de la gorge, de l'œsophage, du poumon et de l'estomac.

Comment l'alimentation influe-t-elle sur l'apparition du cancer ?

Une cellule abîmée doit se reproduire pour former un groupe de cellules cancéreuses (voir page 6). Certaines substances dans notre alimentation peuvent soit favoriser ce processus de reproduction, et donc l'apparition d'un cancer, soit au contraire le freiner, et donc nous protéger contre le cancer.

Les agents cancérigènes

Ces agents peuvent avoir une influence directe sur l'ADN ou les protéines des cellules. Il s'agit, entre autres, des aflatoxines, présentes dans les aliments moisis (voir page 26), de l'alcool (voir page 25) et de certains éléments résultant du mode de cuisson et des procédés de conservation de l'industrie alimentaire (voir page 26).

Les agents responsables de tumeurs

Contrairement aux agents cancérigènes, ils n'agissent pas directement sur l'ADN mais stimulent les gènes et favorisent leur reproduction. Certaines hormones ont cette faculté et, même si l'organisme les produit naturellement, l'alimentation peut affecter, par exemple la quantité d'œstrogènes dans le corps (voir page 22). D'autres agents responsables de tumeurs – l'alcool, ainsi que les régimes riches en graisses ou hypercaloriques – peuvent favoriser la production de substances nocives comme les radicaux libres, soupçonnés d'avoir une influence sur la désorganisation de l'ADN. Mais, de la même façon que nous risquons d'introduire dans notre organisme des éléments nocifs, il existe aussi dans les aliments des substances capables de nous protéger.

« Les cancers de l'estomac et de l'œsophage sont bien moins fréquents dans les pays où l'alimentation est riche en céréales, tubercules et féculents. »

Substances protectrices

De nombreux aliments contiennent des substances protectrices, susceptibles de réduire les dégâts causés aux tissus par les radicaux libres (voir page 13), et peut-être la croissance des cellules.

« Certaines substances peuvent ralentir ou retarder la croissance d'une tumeur. »

Les antioxydants

Ces constituants importants de l'alimentation jouent un rôle dans l'entretien et la réparation de l'ADN et des cellules. Ils peuvent réduire la production des radicaux libres, prévenir la détérioration prématurée des cellules, et donc diminuer le risque de voir celles-ci devenir cancéreuses. Ils se trouvent dans les aliments sous la forme de vitamines ou de minéraux, comme les vitamines C et E, le bêta-carotène et le sélénium, et sont présents dans les flavonoïdes des légumes.

Les phyto-œstrogènes

Les phyto-œstrogènes ont des propriétés semblables à celles des œstrogènes produits par l'organisme, mais sont beaucoup moins puissants. On peut les diviser en deux groupes : les isoflavones et les lignanes. Les isoflavones concernent les protéines des aliments, les lignanes concernent la fibre (voir page ci-contre).

Les autres éléments bioactifs

De nombreux aliments, outre les vitamines et les minéraux qu'ils contiennent, ont d'autres fonctions. Certains de leurs composants sont bénéfiques pour la santé. Des expériences ont ainsi montré que l'extrait d'ail détruit *Heliobacter pylori*, une bactérie qui peut se développer dans l'estomac et augmenter le risque de cancer. Les composés soufrés de l'ail et de l'oignon réduiraient aussi la production d'éléments cancérigènes résultant des procédés de conservation des viandes (voir page 20).

VITAMINES ET MINÉRAUX	RÔLE PROTECTEUR	SOURCES
Caroténoïdes Ce sont des provitamines, qui seront transformées dans l'organisme en vitamine A : alpha-carotène, bêta-carotène, xanthophylles (dont la principale est la lutéine), lycopène, cryptoxanthine	Antioxydants	Légumes verts, légumes et fruits de couleur jaune, orange ou rouge LUTÉINE : chou frisé, épinard, brocoli, maïs LYCOPÈNE : tomate, pastèque, pamplemousse rose, goyave CRYPTOXANTHINE : mangue, papaye, kaki, poivron rouge, citrouille
Folate (acide folique)	Antioxydant : peut avoir un effet sur la division des cellules dans le côlon	Pois, légumes verts, foie, noix, noisettes, céréales complètes
Sélénium	Stimule la détoxication des enzymes	Noix du Brésil, pain, œufs, poisson, viande
Vitamine C (acide ascorbique)	Antioxydant	Brocoli, chou et autres légumes verts, agrumes, mangue, poivrons, fraise, tomate
Vitamine D	Peut contrôler la croissance des cellules par son effet sur le calcium	Lumière du soleil
Vitamine E	Antioxydant	Noix, noisettes, graines, huiles végétales, germes de blé, céréales complètes

AUTRES COMPOSÉS BIOACTIFS	RÔLE PROTECTEUR	SOURCES
Composés soufrés du type allium	Stimulent la détoxication des enzymes	Ciboulette, ail, oignon
Flavonoïdes (par ex. quercétine)	Antioxydants	Baies, fève, brocoli, oignon, tomate
Isothiocyanates	Stimulent la détoxication des enzymes	Brocoli, chou de Bruxelles, chou et autres types de chou
Phyto-œstrogènes (isoflavones et lignanes)	Peuvent modifier le métabolisme des hormones stéroïdes	ISOFLAVONES : haricots, pois chiches, lentilles, soja LIGNANES : graines de lin, de soja, de colza, légumineuses, céréales complètes et divers autres légumes et fruits, en particulier les baies
Stérols des plantes	Peuvent se lier aux hormones dans l'intestin et influer sur le métabolisme hormonal	Céréales, fruits, noix, noisettes, graines, légumes
Terpénoïdes (par ex. limonène D)	Stimulent les systèmes enzymatiques	Huile essentielle de citron, d'orange et d'autres agrumes

Aliments riches en amidon et protéine

QUANTITÉS POUR UNE PORTION

Céréales et pâtes

2 cuillerées à soupe de riz cuit
(1 part moyenne = 2 portions)

80 g de pâtes cuites
(1 part moyenne = 3 portions)

1 petite portion de porridge
(1 part moyenne = 2 portions)

5 cuillerées à soupe de muesli

2 cuillerées à soupe d'orge cuit

Pain

2 tranches moyennes de pain complet

1 muffin aux céréales complètes
(petit pain anglais au lait)

2 petits pains à la farine complète

3 tranches de pain de seigle

2 bagels (petits pains ronds)

½ naan (pain indien)

1 grande chapati (crêpe indienne)

1 petite pita (pain grec ou libanais)

Légumes secs

3 cuillerées à soupe de lentilles,
de haricots rouges, de haricots blancs
ou de pois cassés, cuits

2 à 3 cuillerées à soupe de pois
chiches cuits

3 cuillerées à soupe rases de hoummos

Autres aliments

½ pomme de terre en robe des champs

1 patate douce

1 banane

½ banane plantain (NB : les bananes
plantains se mangent toujours cuites)

Les aliments riches en amidon (ou fécule) tels le blé, le seigle, l'avoine, l'orge ou le riz (céréales) et la pomme de terre, la patate douce ou l'igname (légumes), devraient constituer la base de votre alimentation.

L'amidon et les protéines des végétaux sont riches en éléments nutritifs susceptibles de protéger contre le cancer :

- □ fibres (polysaccharides sans amidon) ;
- □ vitamines (notamment du groupe B) ;
- □ caroténoïdes (dans la patate douce et l'igname) ;
- □ folate (dans les légumineuses) ;
- □ vitamine E (dans les céréales complètes) ;
- □ vitamine C (dans les pommes de terre et les légumineuses ; voir aussi page 18).

On a longtemps cru que la fibre constituait l'élément nutritif essentiel des céréales complètes, mais il semble bien que ce soit plutôt l'association de tous les éléments. Les céréales raffinées ne protégeraient pas contre le cancer, il vaut mieux choisir des céréales dont les grains n'ont pas été débarrassés du germe ni de l'enveloppe.

Dans les régions du monde où l'alimentation est riche en céréales complètes, légumineuses, racines et tubercules, les gens consomment en général moins de viande, de graisses, de sucre et de sel. Cet équilibre permet de réduire la fréquence des cancers de l'estomac, du côlon et du rectum. Cette alimentation est aussi moins riche en calories et constitue un bon moyen de contrôle du poids (voir page 28). Un régime monotone qui ne comporte pas de légumes augmente le risque de cancer de l'œsophage.

Cherchez les protéines dans les végétaux et pas seulement dans la viande et le poisson. Mangez davantage de légumes secs tels que haricots ou lentilles, ainsi que noix, noisettes et graines diverses pour leur goût, leur consistance et leur variété.

Tirez le meilleur parti des féculents et des protéines végétales

Fixez-vous comme objectif de consommer chaque jour 600 à 800 g, soit sept portions, d'aliments riches en amidon et en protéines (voir page ci-contre). La variété est essentielle dans un tel régime, qui doit comporter beaucoup de vitamines et de minéraux : un énorme bol de riz complet deux fois par jour n'est pas la solution ! Ces aliments très nutritifs vous rassasieront, ce qui vous amènera naturellement à réduire votre consommation de graisses, de viande et de sucre, et à rééquilibrer chaque repas.

+ Ajoutez des légumes secs à vos ragoûts.

+ Les flocons d'avoine et la farine d'avoine enrichissent votre pain fait maison. Vous pourrez aussi en saupoudrer vos crumbles.

+ Dans la mesure du possible, préférez les céréales et le pain complets au pain et au riz blancs.

+ Pour bien commencer la journée, un bol de muesli avec une banane coupée en rondelles équivaut à deux portions.

+ Ajoutez une poignée de noix pilées à vos sautés.

+ Parsemez vos salades de graines de sésame ou de potiron grillées.

Des moyens simples pour que vous profitiez mieux de ces aliments…

Légumes et fruits

QUANTITÉS POUR UNE PORTION

1 pomme moyenne

3 abricots secs

5 cuillerées à soupe de germes de soja

2 brocolis sans les tiges

3 cuillerées à soupe bombées de chou râpé

3 cuillerées à soupe bombées de carottes râpées

1 morceau de concombre de 5 cm

1 cuillerée à soupe bombée de fruits secs

3 cuillerées à soupe bombées de salade de fruits

½ pamplemousse

1 orange ou 2 mandarines, clémentines, etc.

3 cuillerées à soupe bombées de petits pois et/ou de haricots verts

½ poivron

salade verte (pour accompagner un plat)

Les régimes riches en légumes et fruits ont généralement une haute teneur en vitamines, minéraux et autres substances qui offrent une meilleure protection contre le cancer (voir pages 14-15), en particulier les cancers de la cavité buccale et de la gorge, de l'œsophage, du poumon, de l'estomac, du côlon et du rectum, et peut-être aussi du pancréas, du sein et de la vessie. Il est difficile d'évaluer la quantité de ces éléments dont l'organisme a besoin pour lutter contre les maladies, mais en veillant à consommer une grande variété de légumes et de fruits, vous augmentez d'autant vos chances d'être mieux protégé.

Quoi et combien ?

Pour une efficacité maximale, il faudrait consommer cinq portions ou plus chaque jour, soit 400 à 800 g de légumes et de fruits, et ce toute l'année. Mangez des fruits et des légumes de saison pour tirer le meilleur parti des minéraux et des vitamines et diversifier votre alimentation.

☐ Les légumes contenant de la fécule, comme les pommes de terre, les patates douces et les ignames, sont importants dans votre régime (voir page 16), mais il ne faut pas les compter dans vos cinq portions quotidiennes de légumes et de fruits.

☐ Les légumes secs ne contiennent pas autant de vitamines que les autres légumes ; n'en mangez pas plus d'une portion par jour.

☐ Comptez le jus de fruits pour une portion seulement, car il ne contient pas de fibres.

+ Un verre de jus de fruit le matin pour démarrer la journée équivaut à une portion. Méfiez-vous des jus de fruits qui n'en sont pas, et choisissez ceux qui sont 100 % pur jus.

+ Augmentez votre consommation de légumes en faisant un repas végétarien une fois par semaine.

+ Préparez vous-même des jus de fruits au mixeur : ils présentent l'avantage de conserver la pulpe du fruit, et donc la fibre.

+ Si vous éprouvez le besoin de grignoter entre les repas, choisissez des fruits secs ; essayez les moins courants – myrtilles ou canneberges, par exemple.

+ Ajoutez de la couleur et des éléments nutritifs à vos salades vertes avec des lamelles de poivron rouge, des rondelles de carottes ou de petits morceaux de betterave.

Des moyens simples pour que vous profitiez mieux de ces aliments…

Viande, poisson et œufs

La viande, le poisson et les œufs nous apportent des protéines, des vitamines et des minéraux, mais les Occidentaux en consomment trop, au détriment des féculents et des légumes.

PROCÉDÉS DE CONSERVATION DES VIANDES ET DES POISSONS

Pour la conservation du jambon, du bacon ou des filets de hareng, on utilise des nitrates et des nitrites qui empêchent la formation de bactéries et donnent aux produits ainsi traités leur couleur rosée caractéristique. Dans l'estomac, les nitrites peuvent se transformer en nitrosamines, soupçonnées d'être cancérigènes.

Le procédé qui consiste à exposer une viande ou un poisson à la fumée (pour les sécher et les conserver), produit des hydrocarbures aromatiques polycycliques issus de la combustion du bois. Les études menées sur les êtres humains n'ont pas démontré de façon catégorique une augmentation du risque de cancer, mais les expériences menées sur les animaux ont suscité des craintes. Les aliments fumés sont souvent également salés, ce qui accroît le risque de cancer de l'estomac.

Ne consommez ce type d'aliments que de manière occasionnelle.

La viande rouge

Manger beaucoup de viande rouge peut accroître les risques de cancer du recto-côlon et peut-être aussi de cancers du pancréas, du sein, de la prostate et des reins. On ne sait pas exactement dans quelle mesure une consommation élevée de viande rouge et de viande séchée ou fumée est un facteur de risque de cancer du recto-côlon, mais c'est peut-être en partie parce qu'elle s'accompagne d'une ingestion importante de graisses. Limitez votre ration de viande rouge à moins de 80 g par jour ; sinon, compensez avec des journées sans viande.

La volaille

La consommation de volaille paraît échapper à tout risque de cancer ; elle remplace donc avantageusement la viande rouge.

Le poisson

Le poisson constituerait une protection contre les cancers du côlon, du rectum, du sein et des ovaires. On ignore toutefois si cela est dû à ses propres vertus ou au fait de se substituer à la viande. Des études sur le cancer du sein semblent indiquer que les acides gras oméga-3 contenus dans l'huile de poisson réduiraient la croissance de cellules cancéreuses chez les animaux. On manque encore de preuves permettant d'affirmer que l'huile de poisson protège contre le cancer du sein, mais il y a tout avantage à l'inclure dans l'alimentation.

Les œufs

L'incidence de la consommation d'œufs sur une éventuelle augmentation du risque de cancers semble très faible. Les œufs sont, autant que la viande, une bonne source de protéines.

+ Si vous appréciez la viande rouge, choisissez-la de préférence maigre, et évitez les viandes en conserve ou en salaison.

+ Les poissons gras, tels que le saumon ou les sardines, sont des aliments sains et, de plus, faciles et rapides à préparer.

+ Laissez-vous tenter par la viande d'animaux non domestiqués ou élevés en plein air : chevreuil ou lièvre, par exemple.

+ Les poissons à chair blanche sont très pauvres en matières grasses ; pour plus de saveur et de couleur, vous pouvez leur donner une touche méditerranéenne (voir page 82).

+ Le poulet est une viande qui se prête à toutes sortes de recettes. Choisissez un animal élevé en plein air.

Des moyens simples pour que vous profitiez mieux de ces aliments…

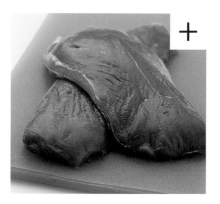

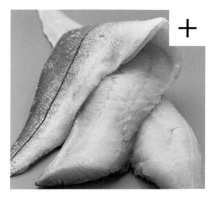

Matières grasses

Selon certaines études, une alimentation riche en graisses favoriserait les risques de cancers du côlon, du rectum, du sein, de la prostate et du poumon.

LES MATIÈRES GRASSES SONT-ELLES INDISPENSABLES ?

Notre organisme est incapable de fabriquer certains acides gras essentiels qui existent, en revanche, dans les huiles végétales. En réalité, il n'a besoin que d'une faible quantité de ces acides gras, qu'on trouve facilement même dans un régime pauvre en matières grasses. (Ces acides gras essentiels ne sont pas présents dans les huiles végétales complètement hydrogénées, bien que certaines margarines en contiennent.)

Les produits laitiers contiennent beaucoup de graisses saturées, mais ils sont aussi une bonne source de calcium, nécessaire à la formation des os. Quant aux poissons gras, il est recommandé d'en consommer, même si leur rôle de protection contre le cancer n'a pas encore été démontré.

Réduire les graisses, en particulier les graisses saturées, est recommandé pour la santé en général ; mais en ce qui concerne la protection contre le cancer, il est difficile de dire si cela a une influence directe. De nombreuses études ont été menées sur l'incidence des graisses dans le cancer du sein, mais on ne dispose pas de preuves solides. Les études mesurant le taux d'hormones féminines, les œstrogènes, n'ont pas réussi à démontrer une modification de ce taux chez les femmes ayant une alimentation riche en graisses ; il est donc probable que l'incidence des graisses se produit dans les cas d'obésité (voir page 28).

Comment réduire votre consommation de graisses :

- □ évitez de manger trop d'aliments gras, d'origine animale en particulier, et mangez moins de desserts et de sauces riches en crème ;
- □ évitez les chips, les biscuits apéritif gras, les cacahuètes et autres graines salées, le chocolat ;
- □ choisissez des morceaux de viande ou de volaille maigres, sans la peau ;
- □ employez des graisses insaturées à la place des graisses saturées, mais réduisez dans tous les cas votre consommation de graisses ;
- □ diminuez les quantités d'huile ou de gras pour la cuisson et choisissez de préférence les graisses mono-insaturées (huile d'olive, par exemple) ;
- □ achetez des produits laitiers à faible teneur en matières grasses, qui apportent du calcium mais peu de graisses saturées ;
- □ vérifiez les étiquettes des margarines : choisissez les acides gras cis et évitez les acides gras trans.

Les matières grasses bénéfiques

De simples aménagements dans votre alimentation réduiront votre consommation de graisses saturées, au profit des graisses mono-insaturées ou insaturées.

+ Accompagnez vos salades vertes avec des noix râpées ou de l'avocat, plutôt qu'avec une sauce à la crème.

+ Pulvérisez un mélange d'eau et d'huile, sur des côtes de porc par exemple, accompagnées de légumes à la vapeur et d'une pomme de terre en robe des champs.

+ Au lieu d'étaler du beurre sur du pain grillé, frottez-le d'ail avec un peu d'huile d'olive.

Des moyens simples pour que vous profitiez mieux de ces aliments…

TYPES DE GRAISSES ET D'HUILES	ORIGINE	SOURCE
Saturées	Principalement d'origine animale, mais présentes aussi dans les huiles de coco et de palme ; généralement solides à température ambiante	Beurre, saindoux, fromage, gras de la viande
Poly-insaturées	Principalement dans les légumes ; généralement liquides à température ambiante	Poissons gras, avocats ; huiles de noix, noisettes, colza, tournesol, maïs
Mono-insaturées	Présentes dans le poisson et dans certaines graines et fruits à coque	Huile d'olive
Hydrogénées Se présentent sous deux formes : acides gras trans et acides gras cis (cette dernière forme, naturelle, est préférable à la première)	Obtenues par un procédé chimique qui solidifie une substance grasse liquide ; l'altération de la structure chimique peut affecter la manière dont ces substances réagissent dans le corps	Utilisées dans la fabrication de certains aliments, parmi lesquels : margarines, biscuits, gâteaux, pâtisseries

Sel

Un régime très salé augmente les risques de cancer de l'estomac. On le constate dans des pays comme la Chine, le Japon ou à Hawaii, où la population consomme beaucoup d'aliments en saumure, notamment poissons et légumes.

Le sel n'est probablement pas cancérigène en soi, mais il peut léser la paroi de l'estomac. Les cellules se multipliant pour tenter de réparer les dégâts, cette activité supplémentaire peut augmenter le risque de formation de cellules cancéreuses. Le dommage causé peut aussi rendre la paroi de l'estomac vulnérable aux agents cancérigènes.

Non seulement nous ajoutons du sel à nos aliments, mais les produits industriels tels que biscuits apéritif, quiches, sauces toutes prêtes, etc., contiennent souvent d'importantes quantités de « sel invisible ». Tâchez de limiter votre consommation quotidienne de sel à moins de 6 g (environ 1 ¼ cuillerée à café).

QUELQUES ALIMENTS À HAUTE TENEUR EN SEL :

Jambon et bacon

Fromage

Sauces et soupes prêtes à l'emploi

Chips

Poissons et légumes en saumure

Quelques astuces

☐ Vérifiez bien les étiquettes et diminuez votre consommation d'aliments industriels.

☐ Limitez votre consommation de produits très salés.

☐ Rappelez-vous que le sel marin contient autant de chlorure de sodium que le sel de table.

☐ Utilisez herbes et épices, à la place du sel, pour rehausser le goût des aliments (vous trouverez une foule d'idées dans les recettes de la deuxième partie de cet ouvrage).

Alcool

Si vous aimez l'alcool, buvez une dose ou deux par jour pour accompagner vos repas et évitez les excès. Le type d'alcool et la quantité que vous consommez sont des facteurs importants. Mieux vaut boire de la bière ou du vin que des spiritueux, plus forts en alcool.

Les boissons contenant de l'alcool augmentent le risque de cancers, en particulier de la cavité buccale, de la gorge, du larynx, de l'œsophage et du foie. Les personnes atteintes de cirrhose sont aussi plus exposées au cancer du foie. Il est prouvé que l'alcool accroît le risque de cancer du sein, ce risque augmentant en fonction de la quantité d'alcool ingéré quotidiennement. On ignore quel en est le processus, mais l'alcool a peut-être une action sur le taux d'hormones. L'alcool augmenterait aussi le risque de cancer du côlon et du rectum, et il est responsable d'autres problèmes, comme les attaques et les maladies du cœur.

Le tabac accentue les effets de l'alcool, notamment en ce qui concerne les cancers de la bouche et de la gorge.

QUELLE QUANTITÉ POUR « UNE DOSE » ?

1 petit verre (12,5 cl) de vin à 8 % vol.
 = 1 dose

1 coupe (14 cl) de champagne à 10 % vol.
 = 1 ½ dose

1 grand verre (17,5 cl) de vin rouge à 12 % vol.
 = 2 doses

60 cl de bière pression à 3 % vol.
 = 1 ½ dose

60 cl de bière à 5 % vol. = 3 doses

60 cl de bière à 6 % vol. = 3 ½ doses

60 cl de cidre doux = 2 doses

6 cl de vin doux naturel = 1 dose

3 cl de spiritueux = 1 dose

Quelques astuces

☐ Limitez votre consommation quotidienne d'alcool à moins de deux doses pour les hommes et une dose pour les femmes.

☐ Vérifiez la quantité d'alcool que vous ingérez, y compris le vin : un verre de 15 cl de vin à 13 % vol. équivaut à deux doses.

☐ Élargissez votre choix de boissons sans alcool : il existe une grande variété de jus de fruits.

☐ Observez chaque semaine une journée sans alcool.

Préserver les qualités nutritives

La fraîcheur des aliments et leur mode de cuisson ont une influence capitale sur leur valeur nutritionnelle et, par conséquent, leur efficacité dans la prévention du cancer.

La fraîcheur

Les vitamines et les minéraux des légumes et des fruits commencent à se dégrader dès que ceux-ci sont cueillis. L'exposition à la lumière, à la chaleur et à l'humidité risque d'altérer encore davantage leurs qualités nutritives.

Conservés longtemps, et surtout dans de mauvaises conditions, les aliments peuvent constituer un foyer de contamination bactérienne ou fongique. On a établi un lien, par exemple, entre le cancer du foie et la consommation d'aliments contaminés par des aflatoxines produites par les champignons *Aspergillus flavus* et *Aspergillus parasiticus*, découverts sur des cacahuètes. La contamination commence avant d'être visible, et des aliments apparemment « sains » peuvent donc déjà contenir des toxines.

La cuisson de la viande et du poisson

Cuire la viande ou le poisson à une température très élevée, et surtout directement sur le feu, favorise sans doute la production d'amines hétérocycliques aromatiques. Ces substances sont cancérigènes chez les animaux et risquent de l'être aussi pour l'homme. Il est donc recommandé d'user avec modération de la cuisson au barbecue, et d'éviter de manger les morceaux de viande brûlés ainsi que le jus de cette viande.

Légumes et fruits

La chaleur et la cuisson prolongée dans l'eau détruisent certains éléments nutritifs. Pour préserver les vitamines et les minéraux des légumes et des fruits, veillez à les cuire le moins longtemps possible, de préférence à la vapeur

« Les aliments frais contiennent des vitamines et des minéraux bénéfiques pour la santé. »

ou au four, et évitez de les faire bouillir. Ne préparez pas les légumes trop longtemps à l'avance car, une fois coupés et exposés à l'air, ils perdent leurs vitamines.

Consommés crus, les légumes et les fruits gardent un maximum d'éléments nutritifs. Si beaucoup se mangent ainsi, il existe des exceptions. Les haricots rouges, par exemple, contiennent des toxines naturelles qui doivent être détruites par une cuisson à une température élevée.

LA CUISSON AU MICRO-ONDES

Elle permet de conserver les éléments nutritifs des légumes et des fruits, car elle utilise un minimum d'eau. Mais évitez de trop cuire les aliments, afin d'en préserver les vitamines.

Quelques astuces

- ☐ N'achetez que des aliments frais et dont la date de péremption est éloignée.
- ☐ Évitez les fruits et légumes abîmés, car ils attirent la moisissure.
- ☐ Choisissez de préférence des aliments de saison, cultivés dans votre région : ils ont toutes les chances d'être plus frais et d'avoir été stockés moins longtemps.
- ☐ Conservez fruits et légumes dans un endroit frais et sombre, et vérifiez-les régulièrement en jetant ceux qui ont des taches ou qui se décolorent.
- ☐ Gardez séparément les viandes crues et les viandes cuites : d'éventuelles bactéries dans la viande crue seront détruites par la cuisson, mais peuvent contaminer la viande cuite.
- ☐ Jetez tout aliment qui présente le moindre signe de moisissure ; ne vous contentez pas de couper la partie abîmée.
- ☐ Jetez tout aliment qui paraît douteux, ou qui a un goût inhabituel.

Poids et exercice

L'obésité peut accroître les risques de cancer, dont les cancers de l'utérus, du rein et peut-être du côlon, et ce de différentes manières. Un excès de poids entraîne une prolifération des cellules, et accroît donc le risque de développement de cellules cancéreuses. La surcharge pondérale signifie aussi que le corps présente plus de graisse où stocker les substances chimiques cancérigènes. L'augmentation de la production d'hormones, liée à l'excès de graisse dans le corps, est sans doute aussi un facteur de risque.

CALCULEZ VOTRE INDICE DE MASSE CORPORELLE (IMC)

Notez votre poids en kilos

Notez votre taille en mètres

Faites le calcul suivant :

IMC = Poids en kilos ÷ Taille en mètres ^{2}

entre 18,5 et 25 : normal

plus de 25 : surpoids

plus de 30 : obésité

Si vous avez le moindre souci au sujet de votre santé ou de votre poids, consultez votre médecin ou votre nutritionniste.

Les femmes, la ménopause et le cancer du sein

L'obésité accroît de cinquante pour cent environ les risques de cancer du sein chez les femmes ménopausées. Cela serait dû au fait qu'elle affecte le taux d'hormones de l'organisme. Après la ménopause, la production d'hormones dans la graisse continue, et cette production risque d'être plus importante chez les femmes fortes.

L'obésité n'augmente pas le risque de cancer du sein chez les femmes en période de préménopause, mais une femme grosse avant la ménopause risque de le rester après ; le surpoids est donc un facteur de risque pour toute femme adulte.

Cette explication hormonale est, semble-t-il, la même en ce qui concerne le cancer de l'utérus ; mais dans ce cas précis, le lien avec l'obésité est valable aussi bien pour les femmes ménopausées que pour les femmes en période de préménopause.

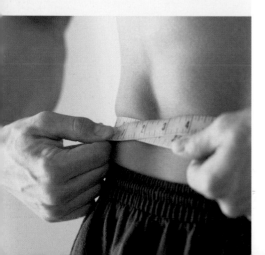

L'exercice

Même s'il ne s'agit pas à proprement parler d'une recommandation diététique, l'inactivité physique et l'excès de poids sont liés, et l'on estime que la conjonction des deux joue un rôle dans environ un cinquième, voire un tiers, de certains cancers courants, tels les cancers du sein (chez les femmes ménopausées), du côlon et de l'utérus.

Si vous consommez plus d'énergie (sous forme de nourriture) que vous n'en dépensez, vous grossirez. L'obésité survient davantage chez les sédentaires qui ont une alimentation riche en calories. C'est très vrai en Occident, où l'obésité a augmenté de manière alarmante depuis quelques années.

Les personnes actives ont sans doute moins besoin d'exercice, mais si votre activité quotidienne est faible, marchez une heure par jour d'un pas vif et pratiquez une activité physique plus intense une heure par semaine. Si vous ignorez la quantité d'exercice dont vous avez besoin, consultez votre médecin.

Quelques astuces

- ☐ Les féculents, les fruits et les légumes sont nourrissants et ne contiennent pas beaucoup de calories.
- ☐ Réduisez les graisses animales et végétales (elles contiennent autant de calories).
- ☐ Si vous êtes en surpoids, efforcez-vous de modifier de façon radicale votre régime alimentaire. Cela vous permettra de maintenir votre poids idéal quand vous aurez maigri.
- ☐ Réduisez la taille des portions mais augmentez la variété des aliments que vous mangez.
- ☐ Faites davantage d'exercice.

« Efforcez-vous de marcher au moins une heure par jour d'un pas vif. »

Quelques questions-réponses

Les fruits et les légumes sont-ils meilleurs crus que cuits ? ▶

Certaines vitamines sont détruites au cours du stockage et de la cuisson ; c'est pourquoi les légumes et les fruits crus ou très peu cuits sont en général plus riches en vitamines. La cuisson peut cependant favoriser l'absorption de certaines vitamines : ainsi l'organisme absorbe mieux le bêta-carotène des carottes cuites.

Un régime végétarien (ou végétalien) est-il recommandé ? ▶

Les régimes végétariens stricts (végétaliens), qui ne tolèrent que quelques aliments de base, ne sont pas forcément recommandés pour la santé car souvent trop pauvres en calories, protéines, vitamines et minéraux. Une alimentation variée est importante. Les recommandations internationales en matière de prévention du cancer n'excluent pas une consommation modérée de protéines animales, mais elles préconisent surtout un changement en faveur des céréales, des fruits et des légumes.

Les aliments biologiques sont-ils meilleurs pour la santé ? ▶

On ne dispose pas de données sûres prouvant que les aliments biologiques soient plus nutritifs, mais les gens les choisissent soit parce qu'ils leur trouvent meilleur goût, soit parce que ces produits sont cultivés dans le respect de l'environnement. La valeur nutritionnelle des aliments dépend de plusieurs facteurs, parmi lesquels le mode de culture, la variété des espèces, les composants du sol et les conditions de stockage. Certaines substances nutritives des plantes se détériorent un certain temps après la récolte ; il est donc très important de consommer des aliments frais. Ceci est vrai aussi bien pour les produits biologiques que pour les autres.

Si je dois me contenter de quelques produits biologiques, lesquels choisir ? ▶

L'important est d'acheter des aliments frais. N'y a-t-il pas au marché de votre ville ou quartier des producteurs locaux ? Vous trouverez chez eux des produits de saison, qui n'auront pas été stockés trop longtemps.

Les aliments génétiquement modifiés sont-ils cancérigènes ?
▶

Le rôle de l'alimentation dans les risques de cancer n'apparaît qu'après une longue période de temps, souvent plusieurs années, et dépend sans doute de l'interaction entre divers aliments, plutôt que d'un aliment en particulier qui pourrait être désigné comme l'unique cause. Il est donc difficile d'évaluer l'effet des aliments génétiquement modifiés, leur étude étant encore trop récente pour pouvoir affirmer s'ils ont une influence positive ou négative sur les risques de cancer.

Dois-je consommer du soja ?
▶

La réputation bénéfique accordée à la consommation d'aliments à base de soja a suscité un intérêt croissant pour ces produits, qui contiennent aussi des éléments issus des plantes et connus sous le nom de phyto-œstrogènes (voir page 14). Même si l'on ne peut pas exclure, en théorie, que le soja a un effet protecteur contre les cancers liés aux hormones, on ne dispose pas actuellement de preuves suffisantes pour affirmer qu'il réduirait le risque de cancer du sein. Les produits à base de soja, tels que les substituts de la viande, le lait de soja et les yaourts au soja, conviennent aussi bien aux stricts végétariens qu'aux personnes allergiques au lait.

Puis-je prendre des vitamines sous forme de comprimés pour augmenter ma dose d'antioxydants ?
▶

Toutes les recherches sur le rôle protecteur des vitamines et des minéraux contre le cancer ont souligné que c'est l'aliment entier contenant ces vitamines qui constitue le facteur le plus important, et non les vitamines seules. Des études ont montré que les suppléments vitaminiques antioxydants font baisser le risque de cancer chez des gens mal nourris, mais ils ne semblent pas utiles pour des personnes bien nourries. Par conséquent, même si l'idée d'une « pilule magique » antioxydante, capable d'empêcher le développement de cellules cancéreuses, est très séduisante, ce n'est pas aussi simple que cela…

Le thé et le café sont-ils bons ou mauvais ?
▶

Même si des études anciennes évoquent un lien possible entre la consommation de café et le cancer de la vessie, les recherches ultérieures n'ont pas confirmé cette hypothèse. Il vaut mieux cependant éviter de boire des boissons très chaudes, car elles peuvent endommager l'œsophage et augmenter le risque de cancer. Les recherches sur le pouvoir antioxydant des substances contenues dans le thé et le café s'avéreront peut-être utiles dans le futur.

Est-il exact que certains aliments contiennent de la dioxine ?
▶

Les dioxines sont des substances organiques qui contiennent du chlore. Même si elles peuvent exister à l'état naturel, elles entrent le plus souvent dans la chaîne alimentaire en tant que sous-produits de certains procédés industriels et de l'incinération des déchets. On sait que les dioxines sont cancérigènes pour les humains, et l'OMS (Organisation mondiale de la santé) a mis au point un programme global pour surveiller la contamination des aliments. Ce programme établit les doses maximales à ne pas dépasser.

Les dioxines se dissolvent dans la graisse. Elles sont donc stockées dans l'organisme et peuvent mettre des années à se décomposer. Pour diminuer les risques d'exposition aux dioxines, retirez le gras de la viande et choisissez des produits laitiers à faible teneur en matières grasses. La cuisson des aliments peut réduire leur contenu en dioxines, et une alimentation équilibrée et diversifiée évite une exposition excessive provenant d'une seule source.

Qu'est-ce qu'un cocarcinogène ?
▶

On appelle cocarcinogène tout élément qui, combiné à une substance cancérigène, augmente l'effet de cette dernière.

Les additifs peuvent-ils provoquer le cancer ?

▶

La plupart des aliments industriels contiennent des agents conservateurs, colorants, émulsifiants, stabilisants ou édulcorants. Ceux dont la toxicité a été reconnue grâce à des analyses rigoureuses ne sont plus utilisés ou le sont dans des limites très strictes. Certains sont utilisés depuis des années sans effets secondaires apparents et sont généralement considérés comme sans danger. De plus, les règlements en la matière tiennent compte des interactions entre les différents additifs. Pour le moment, les études dans le domaine de la diététique n'ont montré aucun lien entre additifs et risque de cancer, mais les analyses se poursuivent aujourd'hui. Consommez autant que possible des aliments frais ; vous limiterez ainsi votre absorption d'additifs.

Je croyais que l'alcool protégeait des maladies cardiaques ?

▶

S'il est prouvé que l'alcool produit une petite augmentation du taux de « bon cholestérol » dans le sang, cet effet peut être obtenu par d'autres moyens, notamment l'exercice. Des études démontrent que le vin pourrait avoir un effet bénéfique sur le cœur, résultat attribué à des antioxydants, tels les flavonoïdes. Mais on ne peut exclure que ces effets bénéfiques soient dus à d'autres facteurs, comme l'exercice, une consommation régulière de fruits et de légumes, ou une consommation moindre de graisses saturées.

Cela signifie-t-il qu'il est recommandé de boire de l'alcool ?

▶

Parce qu'une consommation élevée d'alcool favorise l'apparition de maladies cardiaques, d'attaques, de certains cancers et d'hypertension, le conseil est le même pour les maladies du cœur que pour le cancer : si vous consommez de l'alcool, buvez avec modération.

À part modifier mon alimentation, puis-je faire autre chose pour diminuer le risque de cancer ? ▶

Oui, de nombreux facteurs autres que l'alimentation interviennent dans l'apparition d'un cancer :

☐ arrêtez de fumer et évitez le tabagisme passif. Le tabac est jugé responsable de 90 % des cancers du poumon et favorise l'apparition de bien d'autres cancers, en particulier de la vessie, du rein, du col de l'utérus, de la gorge et de la bouche, de l'œsophage, du pancréas et de l'estomac ;

☐ limitez autant que possible l'exposition aux ultraviolets en cabines à bronzer et ne vous exposez pas trop longtemps au soleil ;

☐ adoptez une saine hygiène de vie en pratiquant une activité physique.

Les pesticides utilisés dans l'agriculture sont-ils cancérigènes ? ▶

Des commissions d'experts établissent, pour tous les pesticides autorisés, des normes de sécurité basées sur des études scientifiques. La consommation d'aliments contenant un taux de résidus pesticides inférieur à ces normes ne devrait pas nuire à la santé. Ne manger ni fruits ni légumes serait bien plus dommageable pour votre santé que de consommer des aliments contenant un faible taux de résidus pesticides.

Les aliments cuits à haute température, tels les chips et les pains scandinaves, contiennent-ils de l'acrylamide, un produit chimique très cancérigène ? ▶

L'acrylamide est un agent de contamination issu de l'industrie du caoutchouc, mais on a découvert qu'il se forme aussi dans les aliments à base d'amidon, tels que chips, frites, céréales et pains cuits à des températures très élevées. Les expériences menées sur des animaux ont souligné que ce serait une cause possible de cancer chez les humains, mais on ignore dans quelle mesure. Il faudra encore de nombreuses recherches avant de pouvoir répondre à cette question.

Est-ce que fumer provoque des carences en vitamines ? ▸

Fumer fait baisser le taux de vitamines dans le sang, en particulier la vitamine C. Si vous cessez de fumer, vous augmenterez votre équilibre nutritionnel et diminuerez le risque de cancer.

Un régime pour maigrir riche en protéines et pauvre en glucides a-t-il une incidence sur le risque de cancer ? ▸

Oui, sans doute. Toutes les études sur le rôle de l'alimentation dans la protection contre le cancer indiquent bien qu'il faut consommer beaucoup de féculents, de fruits et de légumes, et diminuer les rations de protéines animales.

Les produits laitiers favorisent-ils l'apparition du cancer ? ▸

Les résultats ne sont pas concluants : il existe autant d'études démontrant un risque accru que d'autres affirmant le contraire. Choisissez des produits laitiers à faible teneur en matières grasses, pour diminuer les risques de maladies cardiaques.

J'ai une amie qui a une alimentation très saine et souffre pourtant d'un cancer. ▸

Hélas, la vie ne nous offre aucune garantie. Nous pensons que les conseils donnés dans ce livre peuvent avoir une influence sur le risque d'apparition de certains cancers. Mais l'alimentation n'a pas d'influence sur tous les cancers. Les causes de cancer, connues et inconnues, sont nombreuses. Les recommandations de cet ouvrage ont pour but d'essayer d'en réduire le risque tout en proposant une alimentation saine et savoureuse.

Ce régime convient-il aux enfants ? ▸

Les recettes de ce livre conviennent aux enfants, mais il faudrait y ajouter des aliments riches en calories. Il est aussi très important pour les enfants de consommer une quantité raisonnable de produits laitiers, de viande, de poisson ou, à la place, des œufs, des haricots et des lentilles. Ces aliments leur fourniront une partie des vitamines et des minéraux, en particulier la vitamine D, le calcium et le fer, dont ils ont besoin pour grandir et se développer. En incluant fruits, légumes et aliments à base de céréales dans leur alimentation, vous leur inculquez de bonnes habitudes alimentaires pour l'avenir.

Petits déjeuners

Analyse nutritionnelle

245 kcal (1020 kJ)

protéines 3 g

glucides 30 g

lipides 13 g

Bonne source de fibres

Temps de préparation

20 minutes

Temps de cuisson

30-35 minutes

Nombre de parts

10

 **INTÉRÊT NUTRITIF**

Débutez la journée avec ces délicieuses barres de muesli, riches en fibres, et qui contiennent aussi du fer, du zinc et du magnésium.

Barres de muesli aux pruneaux

Ces barres de céréales aux pruneaux, tendres et moelleuses, peuvent se préparer à l'avance. Confectionnez-les le week-end et gardez-les pour les jours de la semaine où vous devez prendre un petit déjeuner rapide.

**150 g de margarine
végétale ou de beurre**

**75 g de sucre de canne
roux en poudre**

**2 cuillerées à soupe
de mélasse**

75 g de farine complète

**200 g de muesli,
plus 3 cuillerées à soupe
pour saupoudrer**

**3 cuillerées à soupe
de germe de blé**

**200 g de pruneaux secs
dénoyautés, coupés en petits
morceaux**

1 Garnissez le fond d'un moule carré de 20 cm de côté avec une feuille de papier sulfurisé, en prenant soin qu'elle adhère bien au fond et aux parois.

2 Versez la margarine ou le beurre, le sucre et la mélasse dans une casserole et chauffez à feu doux pour faire fondre la graisse et dissoudre le sucre.

3 Retirez la casserole du feu et versez-y la farine, le muesli et le germe de blé. Remuez, puis prélevez les deux tiers de ce mélange, répartissez-le sur le fond du moule et aplatissez. Étalez par-dessus les morceaux de pruneaux en une couche uniforme, et finissez en versant le reste du mélange.

4 Saupoudrez avec le reste du muesli sec, puis laissez cuire dans un four préchauffé, 25 à 30 minutes, à 180°C/th. 6, jusqu'à ce que la préparation prenne une belle coloration dorée. Laissez refroidir dans le moule.

5 Retirez du moule le papier sulfurisé et votre muesli aux pruneaux, coupez celui-ci en 10 barres, que vous envelopperez séparément dans du papier aluminium ou du film plastique. Elles se conservent 4 jours dans une boîte hermétique.

Analyse nutritionnelle

530 kcal (2230 kJ)

protéines 16 g

glucides 88 g

lipides 15 g

Bonne source de vitamine E

Temps de préparation

25 minutes

Temps de cuisson

25-30 minutes

Nombre de parts

6-8

 INTÉRÊT NUTRITIF

Les fruits secs augmentent la teneur en fer de ce pain délicieux, riche en fibres, qui contient en outre du calcium. Les graines de lin dorées contiennent de la lignane, qui se lie aux œstrogènes de l'organisme.

Pain au tournesol et aux figues

Ce pain est un régal pour les petits déjeuners du week-end. Puisque cette recette ne comporte pas de levure, vous pouvez préparer la pâte et la cuire aussitôt, sans attendre qu'elle lève. C'est donc une bonne solution si vous êtes à court de pain.

425 g de farine complète ou maltée, plus une petite quantité pour saupoudrer

25 g de germe de blé

50 g de graines de tournesol

25 g de graines de lin dorées

1 cuillerée à café de bicarbonate de soude

½ cuillerée à café de sel

125 g de sucre de canne roux en poudre

200 g de figues séchées, coupées en gros morceaux

1 cuillerée à café de crème de tartre

20 cl de lait demi-écrémé

3 cuillerées à soupe d'huile d'olive

1 œuf battu

1 Versez tous les ingrédients secs, sauf la crème de tartre, dans un grand récipient, puis ajoutez les figues et mélangez. Incorporez la crème de tartre au lait, ajoutez l'huile et l'œuf, et remuez bien. Versez délicatement, en filet, sur les ingrédients secs, pour former une pâte élastique sans être collante.

2 Roulez la pâte sur une surface légèrement farinée et façonnez une boule de 20 cm de diamètre environ.

3 Placez cette boule sur une plaque de four légèrement graissée. Incisez une grande croix dans la pâte et saupoudrez avec le reste de farine. Dans un four préchauffé, laissez cuire 25 à 30 minutes à 200 °C/th. 7, jusqu'à ce que la pâte ait bien gonflé et que le pain sonne creux quand vous le tapotez du bout des doigts.

4 Enveloppez le pain dans un torchon pour le maintenir chaud et ramollir la croûte. Découpez-le en tranches épaisses et dégustez-le tiède avec du beurre.

Analyse nutritionnelle

195 kcal (815 kJ)

protéines 6 g

glucides 35 g

lipides 4 g

Excellente source
de vitamine C

Temps de préparation

20 minutes

Temps de cuisson

aucun

Nombre de parts

4

 INTÉRÊT NUTRITIF

Une recette toute en douceur et
en fraîcheur pour débuter la journée.
Bourrée de vitamine C, elle contient
aussi de la cryptoxanthine, qui fait partie
des caroténoïdes, et le fromage blanc
vous livre son calcium.

Salade aux trois fruits
à la mousse de banane

Préparez la salade de fruits la veille et gardez-la au réfrigérateur, puis juste avant de
servir, écrasez simplement la banane dans le fromage blanc pour un petit déjeuner
énergétique.

1 pamplemousse rose

3 oranges

2 kiwis

1 banane bien mûre

200 g de fromage blanc

**1 cuillerée à soupe
de miel liquide**

1 Pelez le pamplemousse à vif afin d'éliminer toute la peau
blanche. Au-dessus d'un saladier, découpez le pamplemousse
en quartiers. Procédez de la même façon pour les oranges.

2 Pelez le kiwi, coupez-le en deux, puis en petits morceaux.
Mélangez-le aux agrumes. Couvrez et gardez au frais si vous
préparez la salade à l'avance.

3 Pelez la banane, écrasez-la à la fourchette et mélangez-la au
fromage blanc et au miel. Servez la salade de fruits dans des
coupes et versez la mousse de banane par-dessus.

Analyse nutritionnelle
240 kcal (1015 kJ)
protéines 12 g
glucides 37 g
lipides 6 g
Bonne source de calcium

Temps de préparation
2 minutes
Temps de cuisson
13-15 minutes
Nombre de parts
2-3

 INTÉRÊT NUTRITIF
Ce porridge aux céréales variées offre, pour débuter la journée, un équilibre idéal entre plusieurs aliments riches en amidon (deux portions d'amidon). Les fruits secs apportent un supplément en caroténoïdes et en fer.

Porridge aux trois céréales

Ce porridge composé d'un mélange de céréales n'est peut-être pas très orthodoxe, mais il offre un bon moyen d'habituer toute la famille à apprécier une plus grande variété de céréales.

45 cl de lait demi-écrémé

25 g de grains de millet

25 g de flocons d'orge

25 g de flocons d'avoine

EN ACCOMPAGNEMENT

fromage blanc

sucre de canne roux en poudre

fruits secs (abricots et myrtilles, par exemple), coupés en petits morceaux

1 Versez le lait dans une casserole, portez à ébullition, puis ajoutez les céréales.

2 Baissez le feu et laissez cuire 8 à 10 minutes en remuant de temps en temps, jusqu'à ce que le mélange épaississe et que les grains soient ramollis.

3 Servez dans des bols, nappez de fromage blanc et saupoudrez d'un peu de sucre et de fruits secs coupés en petits morceaux.

Analyse nutritionnelle
290 kcal (1210 kJ)
protéines 5 g
glucides 38 g
lipides 14 g
Bonne source de vitamine E

Temps de préparation
3 minutes
Temps de cuisson
10-12 minutes
Nombre de parts
6

 INTÉRÊT NUTRITIF
Ce mélange de flocons de céréales,
de graines et de noisettes, délicieux avec
des fruits et du yaourt, offre un excellent
équilibre d'aliments riches en amidon.

Muesli au miel

En préparant vous-même votre muesli, vous savez exactement la quantité de sucre
qu'il contient. Ce muesli croustillant, d'inspiration américaine, se conserve bien dans
un bocal. Versez-le sur des fruits coupés en tranches et du yaourt, c'est un vrai régal.

**3 cuillerées à soupe
d'huile de tournesol**

**3 cuillerées à soupe
de miel épais**

**2 cuillerées à soupe
de graines de lin dorées**

**2 cuillerées à soupe
de graines de sésame**

**50 g de noisettes,
grossièrement pilées**

50 g de flocons d'orge

50 g de flocons de seigle

50 g de flocons de millet

1 Chauffez l'huile et le miel dans une casserole, versez ensuite
tous les autres ingrédients et mélangez bien.

2 Versez la préparation sur une plaque de four à rebords,
légèrement huilée, et étalez-la en une couche fine et uniforme.
Dans un four préchauffé, laissez cuire 8 à 10 minutes, à
180 °C/th. 6, jusqu'à ce que le mélange soit bien doré, en
remuant et en retournant à mi-cuisson, pour que la partie plus
cuite sur les bords glisse vers le centre, et que la partie moins
cuite se reporte sur les bords.

3 Laissez refroidir le mélange grillé, puis versez-le dans un bocal.
Il se conserve une quinzaine de jours dans un endroit frais.

Analyse nutritionnelle

185 kcal (780 kJ)

protéines 7 g

glucides 35 g

lipides 3 g

Bonne source

de caroténoïdes

Temps de préparation

20 minutes, plus

refroidissement

Temps de cuisson

5 minutes

Nombre de parts

4

 INTÉRÊT NUTRITIF

Ce yaourt aux fruits, pauvre en matières grasses, est une bonne source de calcium. L'addition de jus d'orange frais, riche en vitamine C, favorise l'absorption du fer contenu dans les abricots.

Yaourt aux abricots

Le sucre naturel des fruits apporte une tonalité douce à ce yaourt : une façon de démarrer la journée en beauté en faisant le plein de minéraux. La purée d'abricots et d'orange peut aussi agrémenter vos tartines de pain grillé ou fourrer un gâteau.

150 g d'abricots secs, plus quelques-uns, détaillés en lanières, pour décorer

15 cl d'eau bouillante

jus d'1 orange

250 g de yaourt nature bio

2 cuillerées à soupe de germe de blé

1 Versez l'eau et les abricots dans une petite casserole, couvrez et laissez cuire 5 minutes, jusqu'à ce que les fruits soient ramollis. Laissez-les refroidir 15 minutes.

2 Mixez les abricots et le jus d'orange, pour obtenir une purée homogène.

3 Dans une jatte, mélangez le yaourt et le germe de blé, puis versez 2 cuillerées à soupe de la purée d'abricots pour adoucir le goût.

4 Prélevez un tiers du mélange précédent et répartissez-le dans quatre coupes. Nappez avec la moitié de la purée d'abricots et, à l'aide d'une petite cuillère, aplatissez bien la surface.

5 Versez la moitié du mélange restant yaourt-germe de blé, puis le reste de la purée d'abricots. Complétez par une dernière couche de yaourt. Décorez avec des lanières d'abricot, si vous le désirez. Placez les coupes au réfrigérateur et consommez dans les 2 jours.

Boissons rafraîchissantes

Analyse nutritionnelle

180 kcal (780 kJ)

protéines 3 g

glucides 42 g

lipides 2 g

Bonne source de carotène

Temps de préparation

10 minutes

Nombre de parts

2

 **INTÉRÊT NUTRITIF**

Ce jus, d'un beau rouge profond, offre tout l'éclat de sa fraîcheur. Un must pour commencer la journée !

Symphonie en rouge

Les fraises et le citron vert regorgent de vitamine C, et la pastèque contient une telle proportion d'eau qu'il n'est pas nécessaire d'en rajouter. Voici une boisson irrésistible, 100 % pur jus de fruits.

1 morceau de pastèque d'1 kg

200 g de fraises équeutées

jus d'1 citron vert

1 À l'aide d'une grande cuillère, retirez la chair de la pastèque et versez-la dans le bol d'un mixeur. Ajoutez les fraises et mixez rapidement, juste pour mélanger.

2 Versez ensuite ce mélange dans un chinois disposé au-dessus d'un récipient, et pressez la pulpe jusqu'à ce qu'il ne reste plus que les graines noires de la pastèque.

3 Mélangez avec le jus de citron vert, versez dans deux verres à moitié remplis de glaçons, et servez.

Analyse nutritionnelle

280 kcal (1180 kJ)

protéines 8 g

glucides 30 g

lipides 15 g

Bonne source de vitamine E

Temps de préparation

10 minutes

Nombre de parts

2

 INTÉRÊT NUTRITIF

Cette boisson à haute teneur en calcium est également riche en fibres. C'est un excellent remontant, au goût délicat. Les noisettes contiennent des acides gras essentiels et sont riches en protéines.

Cocktail aux poires, épices et noisettes grillées

Cette boisson raffinée se prépare avec des ingrédients simples. Plutôt que de griller des noisettes chaque fois que vous en avez l'utilité, prévoyez-en une grande quantité, laissez-les refroidir et gardez-les dans un bocal hermétiquement fermé, où elles se conserveront une quinzaine de jours.

40 g de noisettes

2 poires bien mûres, pelées, débarrassées de leur trognon et coupées en quartiers

¼ de cuillerée à café de cannelle en poudre

150 g de yaourt nature bio

15 cl de jus de raisin blanc ou de pomme

1 Grillez les noisettes à sec dans une poêle, pendant 2 à 3 minutes, jusqu'à ce qu'elles deviennent légèrement colorées. Broyez-les finement au mixeur.

2 Ajoutez les poires, la cannelle et le yaourt, et mixez jusqu'à ce que vous obteniez un mélange homogène. Ajoutez le jus de fruits et mixez quelques instants, juste pour mélanger. Versez dans deux verres et servez.

Analyse nutritionnelle
310 kcal (1310 kJ)
protéines 7 g
glucides 56 g
lipides 8 g
Bonne source de vitamine C

Temps de préparation
10 minutes
Nombre de parts
2

INTÉRÊT NUTRITIF
Le tofu est une source inestimable
de protéines pour les végétariens. Voici
une recette riche en fibres, vitamine C
et vitamine E. Les graines de lin et le tofu
contiennent des phyto-œstrogènes.

Le booster du matin

Cette boisson onctueuse, sans matière grasse, regorge de protéines et de sucre
naturel de fruits. De quoi bien démarrer la journée ! Vous trouverez des graines
de lin dans la plupart des magasins de diététique.

**1 cuillerée à soupe
de graines de tournesol**

**1 cuillerée à soupe
de graines de lin dorées**

**1 banane coupée
en gros morceaux**

4 figues séchées

50 g de tofu

45 cl de jus de pomme

1 Versez les graines dans un mixeur et broyez-les finement.

2 Ajoutez les morceaux de banane, les figues, le tofu, un peu
de jus de pomme, et mixez jusqu'à ce que le mélange soit bien
homogène.

3 Ajoutez progressivement le reste du jus de pomme et
mélangez jusqu'à ce que vous obteniez un mélange mousseux.
Versez dans deux verres et servez.

Analyse nutritionnelle

140 kcal (585 kJ)

protéines 2 g

glucides 35 g

lipides 1 g

Excellente source
de caroténoïdes

Temps de préparation

10 minutes

Nombre de parts

2

 **INTÉRÊT NUTRITIF**

Ce jus revigorant est bourré de
caroténoïdes, que le corps transforme
en vitamine A et qui, outre leur pouvoir
antioxydant, sont particulièrement
importants pour la croissance des tissus.

Jus de pomme
et de carotte au gingembre

Ce jus rafraîchissant, à peine sucré, d'une superbe couleur orangée, vous surprendra
par son goût légèrement poivré. De quoi vous donner du punch ! Si vous le donnez
à boire à des enfants, réduisez au moins de moitié la quantité de gingembre.

**375 g de carottes grattées
et coupées en gros morceaux**

**3 pommes coupées
en gros morceaux**

**1 morceau de 2,5 cm de racine
de gingembre pelée**

1 Mixez les morceaux de carottes et de pommes avec le
gingembre.

2 Versez le jus dans deux verres à moitié remplis de glaçons.

Analyse nutritionnelle

75 kcal (315 kJ)

protéines 2 g

glucides 15 g

lipides 1 g

Excellente source de vitamine C

Temps de préparation

15 minutes

Nombre de parts

2

INTÉRÊT NUTRITIF

Tomates et poivrons constituent une précieuse source de caroténoïdes, et les tomates sont aussi très riches en lycopène. Ce jus contient également des vitamines C et E, deux antioxydants indispensables.

Bloody Marianna

Ce « Bloody Mary » sans alcool regorge de vitamines et de minéraux. Son goût dépend beaucoup de celui des tomates que vous utilisez : aussi, choisissez de préférence des tomates « grappe » bien mûres.

2 branches de céleri (un peu plus pour garnir, si vous le désirez)

¼ de concombre

375 g de tomates

½ poivron rouge épépiné et débarrassé de la partie centrale

1 pomme

2 ou 3 brins de menthe

sauce Worcestershire, selon votre goût

sauce Tabasco, selon votre goût

1 Coupez tous les légumes et les fruits en gros morceaux et mixez-les avec la menthe fraîche.

2 Ajoutez du Tabasco et de la sauce Worcestershire selon votre goût, puis versez dans deux verres à moitié remplis de glaçons. Vous pouvez placer dans chaque verre un bâtonnet de céleri pour remuer.

Analyse nutritionnelle

110 kcal (480 kJ)

protéines 2 g

glucides 26 g

lipides 1 g

Excellente source de vitamine C

Temps de préparation

10 minutes

Nombre de parts

2

 **INTÉRÊT NUTRITIF**

Un seul kiwi contient plus de vitamine C que la dose quotidienne nécessaire à l'adulte. Il contient aussi du potassium, indispensable au bon fonctionnement de l'ensemble des cellules de l'organisme.

Tous au vert !

Ce délicieux mélange de kiwi, de melon et de pomme donnera un jus à la saveur fraîche et fruitée. Prenez soin de choisir une variété de melon vert, pour obtenir une boisson aux délicates nuances de vert.

½ melon vert

2 kiwis pelés

**1 pomme verte
(type granny-smith)**

1 Coupez les fruits en gros morceaux et passez-les au mixeur.

2 Versez le jus dans deux verres à moitié remplis de glaçons.

Collations

Analyse nutritionnelle

240 kcal (1010 kJ)

protéines 40 g

glucides 10 g

lipides 5 g

Bonne source de
caroténoïdes

Temps de préparation

15 minutes

Temps de cuisson

5 minutes

Nombre de parts

4

 INTÉRÊT NUTRITIF

Les ingrédients colorés de cette recette comportent de nombreux éléments nutritifs, dont le calcium, le magnésium et le folate. Les mangues constituent une excellente source de cryptoxanthine, qui est un caroténoïde.

Salade épicée au poulet et à la mangue

Cette recette populaire est parfaitement diététique, et pauvre en matières grasses grâce à sa sauce au yaourt et son poulet cuit à la vapeur.

4 blancs de poulet sans os ni peau, de 150 g chacun environ

6 cuillerées à café de pâte de curry doux

jus d'1 citron

150 g de yaourt nature bio

1 mangue

50 g de cresson

½ concombre coupé en dés

½ oignon rouge émincé

½ laitue iceberg

1 Rincez les blancs de poulet à l'eau froide, essuyez-les bien et coupez-les en longues et fines lamelles. Versez 4 cuillerées à café de pâte de curry et le jus de citron dans un sachet en plastique et mélangez en pressant le sachet. Ajoutez les morceaux de poulet dans ce sachet et secouez.

2 Remplissez à moitié d'eau une casserole et portez à ébullition. Disposez les morceaux de poulet au fond d'un panier à vapeur, en une couche, couvrez et laissez cuire au-dessus de la casserole, environ 5 minutes, jusqu'à ce que le poulet soit bien cuit.

3 Pendant ce temps, mélangez le reste de pâte de curry avec le yaourt dans un saladier.

4 Coupez la mangue en deux, de façon à révéler la partie centrale dure. Raclez la chair de ce noyau, puis pelez le fruit et détaillez-en la chair en petits cubes.

5 Rincez le cresson à l'eau froide et effeuillez-le dans le saladier, avec le concombre, l'oignon rouge, les morceaux de mangue, et mélangez délicatement le tout.

6 Partagez la laitue en morceaux, et disposez-les sur quatre assiettes. Versez le contenu du saladier et couronnez le tout par les lanières de poulet tièdes.

Analyse nutritionnelle

170 kcal (710 kJ)

protéines 11 g

glucides 8 g

lipides 11 g

Bonne source de fibres

Temps de préparation

15 minutes

Temps de cuisson

2-3 minutes

Nombre de parts

4

 INTÉRÊT NUTRITIF

Les graines de soja sont riches en phyto-œstrogènes et contiennent aussi tous les principaux acides aminés. Une recette à haute teneur en protéines et en fibres, qui contient également du folate.

Purée de sésame au soja

Pauvre en matières grasses, cette purée de sésame se déguste avec des bâtonnets de crudités ou en sandwich avec de la salade. Elle se conserve au réfrigérateur 2 ou 3 jours.

3 cuillerées à soupe de graines de sésame

250 g de graines de soja cuites

2 gousses d'ail pilées

¼ d'oignon (facultatif)

jus d'1 citron

5 cuillerées à soupe de lait demi-écrémé

1 cuillerée à soupe d'huile d'olive (facultatif)

1 cuillerée à café de miel liquide

sel et poivre

EN GARNITURE

paprika à saupoudrer

olives noires

EN ACCOMPAGNEMENT

bâtonnets de carotte, de céleri et de concombre

pain pita à la farine complète, tiède et coupé en lanières

1 Grillez légèrement à sec les graines de sésame à feu doux, puis broyez-les au mixeur.

2 Ajoutez le reste des ingrédients et mixez jusqu'à ce que vous obteniez une pâte homogène. Versez cette pâte dans un grand bol, saupoudrez d'un peu de paprika et garnissez avec quelques olives noires.

3 Placez le bol sur une grande assiette et disposez tout autour des bâtonnets de légumes et des lanières de pita.

Analyse nutritionnelle

300 kcal (1250 kJ)

protéines 25 g

glucides 32 g

lipides 8 g

Excellente source de fibres

Temps de préparation

10 minutes

Temps de cuisson

4 minutes

Nombre de parts

4

 **INTÉRÊT NUTRITIF**

Ce mélange coloré de légumineuses est riche en phyto-œstrogènes. Les haricots en boîte ou surgelés sont aussi bons que les frais sur le plan nutritif ; mais pour les haricots en boîte, choisissez-les si possible sans sel ni sucre.

Salade de thon, de haricots mélangés et de fèves

Rapide et facile à préparer, cette salade de haricots, de fèves, de maïs et de thon constitue un excellent déjeuner, accompagné d'un morceau de baguette complète. Ce plat doit sa belle couleur au mélange de légumes frais, en boîte et surgelés.

75 g de haricots verts

200 g de fèves surgelées

125 g de maïs doux surgelé

**2 cuillerées à soupe
d'huile d'olive**

**2 cuillerées à soupe
de vinaigre de vin rouge**

**1 cuillerée à café de moutarde
en grains**

**410 g de haricots rouges
en boîte égouttés et rincés**

**185 g de thon en boîte
au naturel égoutté et émietté**

**½ oignon rouge
finement émincé**

sel et poivre

1 Jetez les haricots verts dans une casserole d'eau bouillante et laissez-les cuire 2 minutes. Ajoutez ensuite les fèves et le maïs surgelés, et prolongez la cuisson de 2 minutes. Versez dans une passoire, égouttez bien, rincez à l'eau froide et égouttez de nouveau.

2 Mélangez l'huile, le vinaigre, la moutarde, le sel et le poivre dans un saladier.

3 Versez-y les haricots verts, les fèves et le maïs, puis les haricots rouges. Terminez par le thon et l'oignon rouge, et mélangez délicatement.

Analyse nutritionnelle

205 kcal (845 kJ)

protéines 12 g

glucides 10 mg

lipides 13 g

Excellente source
de vitamine C

Temps de préparation

10 minutes

Temps de cuisson

8 minutes

Nombre de parts

4

 **INTÉRÊT NUTRITIF**

La cuisson à la vapeur est le meilleur
moyen de préserver la vitamine C des
légumes. Les brocolis, outre la vitamine C,
contiennent aussi des composés bioactifs,
les isothiocyanates.

Salade italienne aux brocolis et aux œufs durs

La saveur acide de la sauce au citron et aux câpres, parfumée à l'estragon,
transforme complètement les brocolis et les poireaux cuits à la vapeur
en un mets léger et savoureux.

4 œufs

300 g de brocolis

**2 petits poireaux
(environ 300 g), épluchés,
coupés dans le sens
de la longueur et bien rincés**

jus d'1 citron

**2 cuillerées à soupe
d'huile d'olive**

**2 cuillerées à café
de miel liquide**

**1 cuillerée à soupe
de câpres bien égouttées**

**2 cuillerées à soupe
d'estragon frais haché**

sel et poivre

**brins d'estragon pour garnir
(facultatif)**

**pain complet en
accompagnement**

1 Remplissez à moitié d'eau une casserole, plongez-y les œufs
et portez à ébullition. Couvrez et laissez-les cuire 8 minutes
pour qu'ils deviennent durs.

2 Pendant ce temps, détachez les fleurs des brocolis et coupez
les tiges en grosses lanières, ainsi que les poireaux. Disposez
les brocolis dans un panier à vapeur, laissez-les cuire 3 minutes
au-dessus de l'eau bouillante, puis ajoutez les poireaux et
maintenez la cuisson encore 2 minutes.

3 Mélangez le reste des ingrédients dans un saladier pour
préparer la sauce.

4 Fêlez les œufs durs, laissez-les refroidir en les passant quelques
instants sous l'eau froide, puis écalez-les avant de les couper
en morceaux.

5 Mélangez les brocolis et les poireaux avec la sauce dans le
saladier, et parsemez de morceaux d'œuf. Décorez avec des
tiges d'estragon si vous le désirez, et servez tiède avec de belles
tranches de pain complet.

Analyse nutritionnelle
100 kcal (415 kJ)
protéines 6 g
glucides 17 g
lipides 2 g
Bonne source de carotène

Temps de préparation
10 minutes
Nombre de parts
4

 INTÉRÊT NUTRITIF
Cette salade est haute en couleur, riche
en vitamine C, et accompagnée d'une
sauce pratiquement sans matière grasse.
Elle vous procure la quantité quotidienne
nécessaire de bêta-carotène.

Salade de carottes et de graines germées

Préparée en un rien de temps, cette salade peut se déguster en sandwich dans
des pains ronds, avec des lamelles de poulet ou avec du fromage, des tomates et
du concombre, ou bien servie telle quelle au dîner, accompagnée de salades variées.

jus d'1 orange

**2 cuillerées à café
de moutarde en grains**

**1 cuillerée à café
de miel liquide**

**300 g de carottes
grossièrement râpées**

**250 g d'un mélange
de graines germées,
rincées et bien égouttées**

sel et poivre

1 Mettez le jus d'orange, la moutarde, le miel, le sel et le poivre
dans un saladier et mélangez à la fourchette.

2 Ajoutez les carottes râpées et les graines germées, et remuez.

Analyse nutritionnelle

185 kcal (775 kJ)

protéines 6 g

glucides 29 g

lipides 6 g

Excellente source de carotène

Temps de préparation

25 minutes

Temps de cuisson

37 minutes

Nombre de parts

6

 INTÉRÊT NUTRITIF

Idéale en hiver, cette soupe contient de nombreuses substances nutritives, parmi lesquelles des caroténoïdes, du magnésium et du calcium. Si vous utilisez du bouillon en cube, assurez-vous qu'il soit peu salé.

Soupe aux carottes et au poivron rouge

Voici une soupe onctueuse, au goût délicat et d'une couleur éclatante. Vous pouvez la conserver au congélateur, puis la réchauffer au micro-ondes. Servez-la accompagnée de pain chaud, ou de croûtons à basse teneur en matières grasses.

1 cuillerée à soupe d'huile d'olive

1 oignon haché

500 g de carottes détaillées en dés

1 poivron rouge épépiné, débarrassé de sa partie centrale et détaillé en dés

1,2 l de bouillon végétal

CROÛTONS AU PESTO

6 tranches de baguette à la farine complète

3 cuillerées à café de pesto

Parmesan fraîchement râpé (facultatif)

1 Chauffez l'huile dans une casserole, versez l'oignon et laissez-le revenir 5 minutes à feu doux, pour l'attendrir.

2 Ajoutez les carottes et le poivron rouge, et prolongez la cuisson de 2 minutes. Versez le bouillon, portez à ébullition, puis couvrez et laissez mijoter 30 minutes, jusqu'à ce que les légumes soient tendres.

3 Mixez les légumes avec le bouillon, puis versez dans la casserole la soupe ainsi obtenue pour la réchauffer.

4 Pendant ce temps, grillez légèrement les tranches de pain des deux côtés et tartinez-les de pesto. Servez la soupe dans des bols, ajoutez les croûtons et saupoudrez de parmesan à votre convenance.

Analyse nutritionnelle

72 kcal (300 kJ)

protéines 6 g

glucides 8 g

lipides 2 g

Bonne source de fer

Temps de préparation

15 minutes

Temps de cuisson

20 minutes

Nombre de parts

12

 INTÉRÊT NUTRITIF

Savoureux et appétissants, ces petits flans sont généreux en nutriments, dont le fer, le bêta-carotène et le calcium. Pour bien équilibrer votre repas, accompagnez-les de pain pita complet et de salade verte.

Flans aux brocolis et aux épinards

Cette recette s'inspire d'un plat populaire au Moyen-Orient, le *eggah*, qui est une sorte de quiche sans pâte. Nous vous proposons ici de confectionner de petits flans individuels plutôt qu'une grosse quiche.

125 g de brocolis

100 g d'épinards frais (les feuilles seulement)

6 œufs

30 cl de lait demi-écrémé

2 cuillerées à soupe de parmesan râpé

une grosse pincée de noix de muscade en poudre

sel et poivre

pain pita à la farine complète, chaud, en accompagnement

1 Détachez les fleurs des brocolis et coupez grossièrement les tiges en lanières. Disposez-les dans un panier à vapeur au-dessus d'une casserole d'eau bouillante. Couvrez et laissez cuire 3 minutes. Ajoutez les épinards et maintenez la cuisson 1 minute de plus ou jusqu'à ce qu'ils soient à peine flétris.

2 Battez les œufs avec le lait, le parmesan, la noix de muscade et un peu de sel et de poivre. Dans un moule à douze compartiments (du style moule à muffins) légèrement huilé, disposez les brocolis et les épinards, puis complétez avec la préparation aux œufs.

3 Dans un four préchauffé, laissez cuire 15 minutes environ, à 190 °C/th. 6, jusqu'à ce que les flans soient bien dorés et gonflés, et que la préparation aux œufs ait pris. Laissez les flans dans le moule 1 à 2 minutes, puis détachez-les des bords à l'aide d'un couteau et sortez-les. Accompagnez ce repas pour deux ou trois personnes de pain pita chaud.

Analyse nutritionnelle

210 kcal (890 kJ)

protéines 20 g

glucides 26 g

lipides 4 g

Bonne source de fer

Temps de préparation

15 minutes

Temps de cuisson

7 minutes

Nombre de parts

4

 INTÉRÊT NUTRITIF

Voici une soupe légère, très équilibrée, pauvre en matières grasses et riche en glucides. La sauce de poisson et la sauce de soja sont toutes deux très salées mais, utilisées en petite quantité, elles peuvent s'intégrer sans aucun problème dans votre régime.

Soupe thaï aux crevettes

Une soupe rafraîchissante et parfumée, à la saveur délicate. Pour les végétariens, supprimez les crevettes et la sauce de poisson.

1,2 l de bouillon végétal

2 cuillerées à café de pâte de curry rouge thaï

4 feuilles de citron kaffir (citron vert thaï) séchées, finement ciselées

4 cuillerées à café de sauce de poisson

2 ciboules émincées

150 g de champignons shiitake émincés

125 g de soba (nouilles japonaises)

½ poivron rouge épépiné, débarrassé de la partie centrale et détaillé en dés

125 g de chou chinois coupé en lanières

250 g de crevettes surgelées, décongelées et rincées

1 petit bouquet de coriandre fraîche finement ciselée

1 Versez le bouillon dans une casserole, ajoutez la pâte de curry, les feuilles de citron vert, la sauce de poisson, les ciboules et les champignons. Portez à ébullition et laissez mijoter pendant 5 minutes.

2 Dans une casserole séparée, plongez les nouilles dans de l'eau bouillante et laissez-les cuire 3 minutes.

3 Ajoutez le reste des ingrédients à la soupe et maintenez 2 minutes au feu, jusqu'à ce que celle-ci soit bien chaude.

4 Égouttez les nouilles, rincez-les sous l'eau chaude et disposez-les dans quatre bols. Versez la soupe fumante et servez aussitôt.

Plats de résistance

Analyse nutritionnelle

750 kcal (3130 kJ)

protéines 52 g

glucides 46 g

lipides 41 g

Bonne source de folate

Temps de préparation

30 minutes

Temps de cuisson

1 heure 20

Nombre de parts

4-5

 **INTÉRÊT NUTRITIF**

Un plat riche en fibres, mais aussi en fer et en bêta-carotène. Pour augmenter la dose de vitamine C, ajoutez le jus d'une orange dans la sauce juste avant de servir.

Poulet rôti aux légumes et aux épices

Le poulet rôti est apprécié par tous, mais il est parfois un peu gras. Réduisez la quantité d'huile en secouant les légumes dans un sac en plastique avec de l'huile.

1 poulet d'1,5 kg prêt à rôtir

2 cuillerées à café de graines de coriandre

1 cuillerée à café de graines de cumin

1 cuillerée à café de graines de fenouil

2 cuillerées à soupe d'huile d'olive

½ cuillerée à café de curcuma

½ cuillerée à café de paprika

2 panais (vous en trouverez en magasin bio)

2 grosses carottes

2 patates douces

1 gros oignon

8 gousses d'ail non pelées

2 cuillerées à soupe de farine

60 cl de bouillon de poulet

quelques feuilles de coriandre pour décorer

1 Retirez les éventuels abats et rincez le poulet à l'eau froide. Essuyez-le et disposez-le dans un grand plat à rôtir.

2 Pilez les graines et versez-les dans un grand sac en plastique avec l'huile et les épices en poudre. Secouez pour bien mélanger. Enduisez le poulet avec un peu de cette préparation et recouvrez-le de papier aluminium.

3 Dans un four préchauffé, maintenez à rôtir le poulet, à 190 °C/th. 6, pendant 1 heure 20.

4 Détaillez les légumes grossièrement, ajoutez-les au contenu du sac en plastique et secouez. Après 20 minutes de cuisson, placez quelques gousses d'ail entre les cuisses et les ailes du poulet et mélangez celles qui restent aux légumes. Disposez ces derniers dans le plat. Laissez cuire 1 heure de plus, jusqu'à ce que le poulet soit doré ; au bout de 30 minutes, retournez les légumes et retirez le papier aluminium.

5 Transvasez le poulet et les légumes dans un grand plat de service et gardez au chaud. Garnissez avec les feuilles de coriandre. Retirez le gras du jus de viande et versez-y la farine. Pour préparer la sauce, posez le plat de cuisson sur le feu et laissez cuire 1 minute, en remuant. Ajoutez peu à peu le bouillon et portez à ébullition. Versez la sauce dans une passoire placée au-dessus d'une saucière et servez immédiatement.

Analyse nutritionnelle

640 kcal (2280 kJ)

protéines 45 g

glucides 86 g

lipides 3 g

Bonne source de fer

Temps de préparation

25 minutes

Temps de cuisson

12-17 minutes

Nombre de parts

4

 INTÉRÊT NUTRITIF

Ce plat très équilibré est pratiquement exempt de matières grasses et riche en glucides. Le boulgour ne convient pas aux personnes qui suivent un régime sans gluten.

Poulet au boulgour aromatisé aux agrumes et aux fruits

Le boulgour est deux fois moins long à cuire que le riz complet et apporte un petit goût de noisette à ce plat d'inspiration marocaine, émaillé de morceaux d'abricots, de dattes et de raisins secs, et couronné de blancs de poulet parfumés aux agrumes.

90 cl de bouillon de poulet

¼ de cuillerée à café de cannelle en poudre

¼ de cuillerée à café de noix de muscade en poudre, ou de poivre de la Jamaïque moulu

250 g de boulgour

4 blancs de poulet sans os ni peau, de 150 g chacun environ

zeste râpé d'½ citron

zeste râpé d'½ orange

125 g d'abricots secs

75 g de dattes dénoyautées coupées en petits morceaux

75 g de raisins secs

jus d'1 orange

sel et poivre

1 petit bouquet de coriandre fraîche (ou de basilic) finement ciselée pour décorer

1 Versez le bouillon dans une casserole, puis ajoutez les épices et le boulgour.

2 Rincez les blancs de poulet à l'eau froide, égouttez-les, puis placez-les dans un panier à vapeur. Saupoudrez avec les zestes râpés de citron et d'orange, salez et poivrez.

3 Portez le bouillon à ébullition, posez le panier à vapeur au-dessus de la casserole, couvrez et laissez cuire 10 minutes, jusqu'à ce que le poulet soit bien cuit et le boulgour bien tendre. Retirez le panier à vapeur et laissez cuire le blé concassé encore quelques minutes, si nécessaire.

4 Ajoutez les fruits secs et le jus d'orange au boulgour, puis versez ce mélange et le bouillon restant dans quatre assiettes. Découpez le poulet en lanières, disposez-les sur le boulgour et parsemez d'herbes fraîches. Servez avec du cresson ou de la roquette.

Analyse nutritionnelle

230 kcal (980 kJ)

protéines 37 g

glucides 5 g

lipides 7 g

Bonne source de sélénium

Temps de préparation

10 minutes

Temps de cuisson

4-5 minutes

Nombre de parts

4

 INTÉRÊT NUTRITIF

Le thon frais, qui n'est pas sans rappeler le goût de la viande, devrait plaire à ceux qui d'ordinaire n'aiment pas le poisson. Il contient du sélénium, des acides gras oméga-3, des vitamines A, B12 et B3, ainsi que du folate et du fer. Le fenouil est riche en phyto-œstrogènes.

Steaks de thon au fenouil

Cette recette, pauvre en calories mais riche en protéines et minéraux, est la simplicité même. Le repas idéal après une journée de travail trépidante. Servez avec de la roquette et des pommes de terre nouvelles.

4 tranches de thon frais de 150 g chacune environ

4 petits fenouils ou 1 gros (175 g au total) coupés en lamelles

425 g de tomates pelées et coupées en dés

2 cuillerées à café de purée de tomates

zeste râpé d'1 citron

3 cuillerées à soupe de persil (ou de basilic frais) ciselé

sel et poivre

rondelles de citron pour la garniture

1 Coupez les tranches de thon en carrés de 5 cm de côté environ et disposez-les dans une poêle. Répartissez sur chacun d'eux le fenouil et les tomates, salez et poivrez.

2 Couvrez et laissez cuire 2 minutes à feu moyen. Retirez le couvercle, retournez les morceaux de thon et ajoutez la purée de tomates au jus de cuisson. Couvrez et laissez cuire 2 à 3 minutes de plus, jusqu'à ce que le thon soit bien cuit.

3 Disposez sur quatre assiettes, parsemez de zeste de citron et d'herbes, décorez avec les rondelles de citron et servez.

Analyse nutritionnelle

450 kcal (1875 kJ)

protéines 35 g

glucides 3 g

lipides 34 g

Bonne source de vitamine E

Temps de préparation

20 minutes, plus marinade

Temps de cuisson

13-14 minutes

Nombre de parts

4

 INTÉRÊT NUTRITIF

L'avocat contient beaucoup de vitamine E, de la vitamine C (toutes deux d'excellents antioxydants), de la vitamine B6 et du potassium. En revanche, il est riche en matières grasses. Donc à consommer avec modération.

Salade tiède de saumon à l'avocat et au sésame

Cette salade accompagne parfaitement le saumon cuit au four. Vous pouvez remplacer le mélange de cresson, épinard et roquette par des germes de soja.

4 tranches de saumon de 150 g environ chacune

2 cuillerées à soupe de sauce de soja

4 cuillerées à soupe de graines de sésame

2 petits avocats

jus de 2 citrons verts

½ laitue iceberg, détaillée en lanières

125 g d'un mélange de cresson, épinard et roquette

½ concombre coupé en dés

poivre noir du moulin

1 Rincez les tranches de saumon à l'eau froide, égouttez-les et disposez-les dans un plat. Versez la moitié de la sauce de soja et laissez mariner 15 minutes.

2 Saisissez les graines de sésame à sec pendant 3 à 4 minutes, puis retirez du feu, ajoutez le reste de la sauce de soja et couvrez aussitôt. Laissez refroidir.

3 Placez les tranches de saumon sur une grande feuille de papier aluminium et versez dessus la sauce de soja restée dans le plat. Enveloppez hermétiquement le saumon dans le papier aluminium et placez-le sur une plaque de cuisson. Dans un four préchauffé, laissez le saumon cuire 10 minutes, à 180 °C/th. 6, jusqu'à ce qu'il s'effrite quand vous appuyez dessus avec un couteau, et qu'il ait pris une couleur uniforme.

4 Pendant ce temps, coupez les avocats en deux, enlevez le noyau et pelez-les. Après les avoir découpés en lanières, mélangez-les au jus de citron.

5 Mélangez toutes les feuilles de salade et les dés de concombre dans un saladier, ainsi que les avocats, les graines de sésame grillées et un peu de poivre. Disposez sur quatre assiettes et ajoutez le saumon par-dessus. Servez aussitôt.

Analyse nutritionnelle

370 kcal (1560 kJ)

protéines 48 g

glucides 30 g

lipides 7 g

Bonne source de fer

Temps de préparation

25 minutes

Temps de cuisson

1 heure 30 environ

Nombre de parts

4-5

 **INTÉRÊT NUTRITIF**

Le bœuf est riche en protéines, fer et vitamine B12, mais efforcez-vous de limiter chaque portion à 80 g. Sinon, rétablissez l'équilibre en observant un jour sans viande. Ici, la viande est cuite lentement, pour éviter la formation d'amines hétérocycliques aromatiques.

Ragoût de bœuf aux légumes

Pour limiter à la fois l'apport de matières grasses et le trempage des légumes dans l'eau, braisez la viande et les légumes ensemble dans un jus aux saveurs multiples.

1 oignon émincé

750 g de gîte de bœuf, dégraissé

4 petites pommes de terre à cuire au four, pelées et coupées en quatre

250 g de petites carottes

250 g de panais (voir p. 72) coupés en morceaux

50 g d'orge perlé

2 feuilles de laurier

90 cl de bouillon de bœuf ou de poulet

1 cuillerée à soupe de purée de tomates

1 cuillerée à café de moutarde en grains

50 g de petits navets grattés

100 g de haricots verts

2 petits choux coupés en quatre

sel et poivre

1 cuillerée à soupe de Maïzena, mélangée à un peu d'eau

1 Disposez l'oignon au centre d'un poêlon allant au feu et posez le gîte de bœuf dessus. Ajoutez les pommes de terre, les carottes et les panais, ainsi que l'orge perlé et les feuilles de laurier.

2 Versez le bouillon dans le poêlon, ajoutez la purée de tomates, la moutarde, le sel et le poivre. Portez à ébullition, puis couvrez et transférez le poêlon dans un four préchauffé. Laissez cuire 1 heure 15, à 160 °C/th. 5.

3 Retirez votre morceau de gîte du poêlon, posez-le sur un plat et enveloppez-le de papier aluminium pour le garder chaud. Placez les navets dans le poêlon, couvrez et laissez mijoter 5 minutes sur le feu. Ajoutez les haricots verts et les choux et laissez cuire encore 5 à 8 minutes, jusqu'à ce qu'ils soient tendres mais restent bien verts. Versez la Maïzena mélangée à l'eau et maintenez la cuisson pendant 1 minute.

4 Coupez la viande en tranches fines que vous disposerez sur les assiettes. Retirez les légumes du poêlon à l'aide d'une écumoire et répartissez-les autour de la viande. Versez le jus, les oignons et l'orge perlé sur les tranches de bœuf.

Analyse nutritionnelle

275 kcal (1150 kJ)

protéines 22 g

glucides 21 g

lipides 12 g

Bonne source de fer

Temps de préparation

22 minutes

Temps de cuisson

23 minutes

Nombre de parts

4

 INTÉRÊT NUTRITIF

Cette recette ne dépasse pas la ration recommandée de viande et procure des fibres, du fer et du zinc. Préparées avec du millet au lieu de la mie de pain, ces saucisses conviennent même aux personnes soumises à un régime sans gluten.

Saucisses de porc aux pruneaux et aux poireaux

Plutôt que de bannir les saucisses de votre alimentation, limitez-en le taux de matières grasses en préparant vous-même la chair à saucisse avec du porc maigre haché (ou du poulet, ou de la dinde), des poireaux cuits à la vapeur et des pruneaux, et choisissez la cuisson au four plutôt qu'à la poêle.

150 g de poireaux lavés et coupés en dés

375 g de porc maigre haché

50 g de flocons de millet

100 g de pruneaux dénoyautés coupés en petits morceaux

1 jaune d'œuf

1 grosse pincée de noix de muscade en poudre

4 tomates coupées en deux

sel et poivre

1 Maintenez les poireaux à la vapeur pendant 3 minutes, juste le temps qu'ils s'attendrissent.

2 Dans un saladier, mélangez la viande hachée, le millet, les pruneaux, le jaune d'œuf, la noix de muscade, le sel et le poivre, puis ajoutez les poireaux.

3 Sur une planche, formez huit tas à partir de cette préparation et façonnez-les, avec les mains humides, en saucisses de 10 cm de long.

4 Placez-les dans un plat à rôtir. Enfournez dans un four préchauffé et laissez cuire 10 minutes à 190 °C/th. 6. Ajoutez les tomates et prolongez la cuisson de 10 minutes, jusqu'à ce que les saucisses soient dorées. Disposez sur des assiettes et servez aussitôt, accompagnée d'une salade verte si vous le souhaitez.

Analyse nutritionnelle

615 kcal (2570 kJ)

protéines 40 g

glucides 43 g

lipides 32 g

Bonne source de sélénium

Temps de préparation

15 minutes

Temps de cuisson

25-30 minutes

Nombre de parts

4

 INTÉRÊT NUTRITIF

Tout le monde aime la purée de pommes de terre, mais les patates douces contiennent du bêta-carotène, du calcium, du magnésium, du potassium, ainsi que de l'acide folique et des vitamines C et E : elles ont donc une valeur nutritive supérieure à celle des pommes de terre ordinaires.

Maquereaux marinés avec de la purée de panais pimentée

La marinade, qui consiste à laisser macérer viandes et poissons dans du vinaigre, est une méthode traditionnelle un peu oubliée de nos jours. Ici, les maquereaux sont cuits en papillote afin de leur conserver toute leur saveur.

500 g de patates douces coupées en gros cubes

425 g de panais (voir p. 72) coupés en gros cubes

4 filets de maquereaux (750 g au total)

50 g de poireaux lavés et coupés en petits morceaux

1 carotte coupée en rondelles

1 branche de céleri coupée en petits morceaux

1 cuillerée à soupe de vinaigre de vin blanc

15 cl de bouillon de poisson, chaud

4 à 5 cuillerées à soupe de lait demi-écrémé

1 cuillerée à café de piment rouge haché

sel et poivre

légumes verts cuits à la vapeur en accompagnement

1 Placez les patates douces et les panais dans un panier à vapeur, versez de l'eau dans une casserole et portez à ébullition. Couvrez et laissez cuire 12 à 15 minutes, jusqu'à ce que les légumes soient cuits.

2 Pendant ce temps, rincez les filets de maquereaux à l'eau froide, essorez-les et disposez-les sur une grande feuille de papier aluminium recouvrant une plaque de four. Placez les légumes dessus. Mélangez le vinaigre, le bouillon, le sel et le poivre, et versez sur le poisson.

3 Recouvrez d'une seconde feuille de papier aluminium, scellez les quatre coins puis, dans un four préchauffé, laissez cuire 15 minutes à 160 °C/th. 5, jusqu'à ce que les filets s'effritent quand vous appuyez dessus avec un couteau.

4 Passez et réduisez les patates douces et les panais en purée, avec le lait et le piment. Répartissez cette purée sur quatre assiettes et disposez les filets de maquereaux sur le côté. Servez sur un lit de légumes verts cuits à la vapeur.

Analyse nutritionnelle

315 kcal (1325 kJ)

protéines 41 g

glucides 13 g

lipides 11 g

Bonne source de vitamine E

Temps de préparation

25 minutes

Temps de cuisson

13-16 minutes

Nombre de parts

4

✛ INTÉRÊT NUTRITIF

Dans ce plat à base de flétan, qui est un poisson maigre, la croûte contient des éléments protecteurs, tels le lycopène des tomates et les terpénoïdes du zeste de citron.

Flétan rôti en croûte aux olives

Ce plat peut être préparé à l'avance, puis passé au four à la dernière minute pour un dîner improvisé. N'utilisez pas de tomates séchées et conservées telles quelles ; elles risqueraient de brûler à la cuisson.

40 g d'olives noires dénoyautées et hachées

50 g de tomates séchées et conservées dans l'huile, bien égouttées et hachées

zeste râpé et jus d'1 citron

4 cuillerées à soupe de mie de pain complet

4 tranches de flétan de 175 g environ chacune et de 2 cm d'épaisseur

sel et poivre

mélange de roquette, d'olives et de citron, en accompagnement

1 Mélangez soigneusement les olives et les tomates dans un récipient, avec le zeste de citron, la moitié du jus, la mie de pain, un peu de sel et de poivre.

2 Rincez le poisson à l'eau froide, essuyez-le et disposez-le dans un plat de cuisson peu profond. Aspergez avec le reste du jus de citron, puis versez la préparation aux olives par-dessus.

3 Dans un four préchauffé à 180 °C/th. 6, laissez cuire pendant 13 à 16 minutes sans couvrir jusqu'à ce que la surface devienne croustillante et que le flétan soit bien cuit. Servez en accompagnement ce plat de roquette, d'olives et de citron.

Recettes végétariennes

Analyse nutritionnelle

345 kcal (1435 kJ)

protéines 11 g

glucides 55 g

lipides 8 g

Bonne source de carotène

Temps de préparation

20 minutes

Temps de cuisson

35 minutes

Nombre de parts

4

 **INTÉRÊT NUTRITIF**

Ce plat est riche en amidon. Attention : une part équivaut à deux ou trois portions journalières. Le riz rouge de Camargue est particulièrement riche en fibres.

Risotto au riz rouge et au potiron

Cultivé en Camargue, le riz rouge est un riz sauvage complet, dont le petit goût de noisette se marie parfaitement avec la saveur du potiron. Une recette succulente et facile à réaliser.

1 l de bouillon végétal

250 g de riz rouge de Camargue

1 cuillerée à soupe d'huile d'olive

1 oignon finement haché

2 gousses d'ail finement hachées

1 morceau de potiron de 750 g pelé, épépiné et détaillé en dés

5 cuillerées à soupe de basilic ou d'origan frais finement ciselé, plus quelques feuilles pour décorer

50 g de parmesan frais, grossièrement râpé

sel et poivre

copeaux de parmesan pour la garniture

1 Dans une casserole, portez le bouillon à ébullition, puis ajoutez le riz et laissez cuire 35 minutes.

2 Pendant ce temps, dans une poêle, laissez revenir l'oignon 5 minutes dans l'huile chaude en remuant de temps en temps, jusqu'à ce qu'il ramollisse. Ajoutez l'ail, le potiron, un peu de sel et de poivre, mélangez bien, puis couvrez et laissez cuire 10 minutes à feu modéré, en remuant de temps à autre.

3 Égouttez le riz et réservez l'eau de cuisson. Ajoutez les fines herbes dans la poêle, avec le riz égoutté et le parmesan râpé. Rectifiez l'assaisonnement et mouillez si nécessaire avec l'eau de cuisson du riz.

4 Disposez le risotto sur les assiettes et garnissez avec les feuilles d'origan ou de basilic et les copeaux de parmesan.

Analyse nutritionnelle

225 kcal (945 kJ)

protéines 14 g

glucides 21 g

lipides 10 g

Bonne source de fibres

Temps de préparation

25 minutes

Temps de cuisson

1 heure 25

Nombre de parts

4

 INTÉRÊT NUTRITIF

Les graines de soja constituent non seulement une excellente source de protéines et de fibres, mais elles contiennent aussi des phyto-œstrogènes. Les courges augmentent le taux de caroténoïdes.

Curry de courges et de graines de soja

Voici un plat aux saveurs orientales, léger et peu épicé, qui se déguste avec des naans chauds et du raita. Vous pouvez l'accompagner de pickles pimentés si vous l'aimez plus relevé.

1 cuillerée à soupe d'huile de tournesol

1 oignon haché

2 gousses d'ail finement hachées

1 cuillerée à café de graines de fenouil légèrement broyées

1 morceau de racine de gingembre de 2 cm, pelé et finement haché

1 cuillerée à soupe de pâte de curry doux

400 g de tomates en boîte coupées en morceaux

45 cl de bouillon végétal

250 g de graines de soja cuites

400 g de courges à chair douce pelées, épépinées et détaillées en dés

1 petit bouquet de coriandre fraîche pour décorer

1 Chauffez l'huile dans une casserole, et laissez-y revenir l'oignon 5 minutes, en remuant de temps en temps, jusqu'à ce qu'il ramollisse. Ajoutez l'ail, les graines de fenouil, le gingembre et la pâte de curry, et laissez cuire 1 minute de plus.

2 Ajoutez les tomates, le bouillon et les graines de soja, puis mélangez et portez à ébullition. Couvrez et laissez mijoter pendant 40 minutes.

3 Ajoutez les courges, et laissez cuire à couvert encore 35 minutes, en remuant de temps à autre. Si vous estimez qu'il y a trop de liquide, ôtez le couvercle pendant le dernier quart d'heure de cuisson.

4 Versez le curry dans des bols de riz, complétez par quelques cuillerées de raita (mélange de yaourt et de concombre), décorez avec quelques feuilles de coriandre et servez avec des naans (pain indien) chauds.

Analyse nutritionnelle

365 kcal (1530 kJ)

protéines 17 g

glucides 38 mg

lipides 17 g

Bonne source de

caroténoïdes

Temps de préparation

25 minutes, plus

refroidissement

Temps de cuisson

30-40 minutes

Nombre de parts

4

 **INTÉRÊT NUTRITIF**

Les épinards sont une source de lutéine. Servez les chaussons avec un verre de jus d'orange frais pour que la vitamine C favorise l'absorption du fer contenu dans les épinards.

Chaussons aux épinards et à la feta

Cette recette d'inspiration grecque peut très bien se préparer avec des épinards surgelés. Servez ces petits pâtés de pommes de terre, parfumés à la noix de muscade, avec une sauce tomate fraîche à l'ail.

500 g de pommes de terre coupées en gros morceaux

375 g d'épinards surgelés, décongelés et bien égouttés

200 g de feta égouttée et grossièrement effritée

¼ de cuillerée à café de noix de muscade en poudre

50 g de farine complète

2 cuillerées à soupe d'huile de tournesol ou d'olive

sel et poivre

SAUCE TOMATE

1 cuillerée à soupe d'huile d'olive

1 oignon finement haché

2 gousses d'ail finement hachées

500 g de tomates pelées et détaillées en dés

2 cuillerées à café de purée de tomates (séchées au soleil ou ordinaires)

1 Portez à ébullition une grande casserole d'eau, plongez-y les pommes de terre 18 à 20 minutes, pour les attendrir.

2 Égouttez-les et écrasez-les dans la casserole. Ajoutez les épinards, la feta, la noix de muscade, le sel et le poivre, et mélangez bien.

3 Formez douze tas avec cette préparation, puis laissez refroidir.

4 Préparez la sauce tomate dans une casserole, laissez revenir l'oignon et l'ail 5 minutes dans l'huile chaude, pour les ramollir. Ajoutez les tomates, la purée de tomates, du sel et du poivre, et laissez mijoter encore 5 minutes.

5 Farinez vos mains, puis façonnez les douze tas du mélange pommes de terre-épinards en forme de petits pâtés ronds. Saupoudrez-les de farine. Versez 1 cuillerée à soupe d'huile dans une poêle, plongez-y les pâtés en plusieurs fois, laissez-les cuire 2 à 3 minutes afin qu'ils dorent bien, en rajoutant de l'huile si nécessaire. Posez-les ensuite sur du papier absorbant.

6 Disposez les chaussons sur les assiettes et versez la sauce tomate dessus.

Analyse nutritionnelle

385 kcal (1610 kJ)

protéines 9 g

glucides 29 g

lipides 26 g

Bonne source de vitamine E

Temps de préparation

25 minutes

Temps de cuisson

30-35 minutes

Nombre de parts

4

 INTÉRÊT NUTRITIF

Les noisettes et la farine complète qui constituent la garniture sont riches en fibres. Même si ce plat a une teneur assez élevée en matières grasses, il s'agit surtout de graisses mono-insaturées – donc acceptables.

Streusel aux champignons

Dans cette recette, l'ajout de noisettes et de flocons d'avoine et la cuisson au four donnent au plat l'aspect d'un crumble. Pour un repas parfaitement équilibré, servez-le avec des carottes cuites à la vapeur et du chou sauté.

GARNITURE STREUSEL

50 g de farine complète

50 g de flocons d'avoine

50 g de noisettes broyées

50 g de margarine de soja

3 cuillerées à soupe de sauge ciselée, et plus pour décorer

BASE

2 cuillerées à soupe d'huile d'olive

1 oignon haché

3 champignons de Paris

375 g de pleurotes et shiitake

2 gousses d'ail finement hachées

2 cuillerées à soupe de farine complète

30 cl de bouillon végétal

2 cuillerées à soupe de vinaigre balsamique

1 cuillerée à soupe de purée de tomates

1 cuillerée à café de moutarde

sel et poivre

1 Pour la garniture streusel, mélangez la farine, les flocons d'avoine et la margarine dans un récipient, et pétrissez du bout des doigts pour faire pénétrer la margarine, jusqu'à ce que le mélange prenne l'aspect de fines miettes. Incorporez les noisettes et la sauge, puis réservez.

2 À feu moyen, versez 1 cuillerée à soupe d'huile dans une sauteuse et laissez-y revenir l'oignon 5 minutes, en remuant de temps en temps, jusqu'à ce qu'il ramollisse.

3 Ajoutez le reste de l'huile, puis tous les champignons et l'ail, et laissez cuire 3 à 4 minutes, en remuant, le temps qu'ils brunissent légèrement.

4 Saupoudrez la farine sur les champignons, puis mélangez. Versez le bouillon, ajoutez le vinaigre, la purée de tomates, la moutarde, le sel et le poivre, et portez à ébullition en remuant délicatement.

5 Transvasez le contenu de la sauteuse dans un plat de cuisson. Saupoudrez la garniture streusel et, dans un four préchauffé, laissez cuire 20 à 25 minutes à 190 °C/th. 6, jusqu'à ce que le dessus soit doré. Décorez avec les feuilles de sauge et servez.

Analyse nutritionnelle

335 kcal (1415 kJ)

protéines 13 g

glucides 43 g

lipides 14 g

Bonne source de fibres

Temps de préparation

30 minutes

Temps de cuisson

1 heure 40

Nombre de parts

4-5

+ INTÉRÊT NUTRITIF

Ce plat haut en couleur est riche en fibres, caroténoïdes, folate, potassium, fer et calcium.

Ragoût de haricots rouges et de betteraves

Ce plat merveilleusement onctueux, relevé par le paprika, le cumin et la cannelle, est idéal pour un repas entre amis.

1 cuillerée à soupe d'huile de tournesol

1 oignon haché

2 gousses d'ail finement hachées

2 carottes coupées en dés

625 g de betteraves rouges crues, pelées et coupées en dés

1 cuillerée à café de paprika fort

½ cuillerée à café de cannelle en poudre

1 cuillerée à café de graines de cumin grossièrement pilées

410 g de haricots rouges en boîte égouttés

400 g de tomates en boîte coupées en morceaux

60 cl de bouillon végétal

sel et poivre

coriandre fraîche ciselée pour garnir

1 Dans l'huile bien chaude de votre poêle, laissez revenir l'oignon 5 minutes en remuant, le temps qu'il s'attendrisse.

2 Ajoutez l'ail, les carottes et les betteraves, puis les épices et les graines de cumin. Laissez cuire 1 minute, avant d'ajouter les haricots, les tomates et le bouillon. Salez, poivrez, portez à ébullition, sans cesser de remuer, puis transvasez dans un plat de cuisson.

3 Couvrez et placez dans un four préchauffé. Laissez cuire pendant 1 heure 30 à 180 °C/th. 6.

4 Disposez le ragoût sur les assiettes, versez dessus un mélange d'avocat, d'oignon rouge, de tomate et de fromage blanc, et décorez avec la coriandre.

Analyse nutritionnelle

480 kcal (2015 kJ)

protéines 25 g

glucides 68 g

lipides 14 g

Bonne source de fibres

Temps de préparation

30 minutes

Temps de cuisson

35 minutes

Nombre de parts

4

+ INTÉRÊT NUTRITIF

Ce plat à base de féculents et de légumes, est riche en fibres, caroténoïdes, folate et calcium, ainsi qu'en substances protectrices (isothiocyanates) grâce au chou.

Gratin de lentilles et de haricots aux légumes

Voici un plat consistant, mélange de féculents et de légumes variés, sous une alléchante croûte dorée.

1 cuillerée à soupe d'huile de tournesol

1 oignon finement haché

2 gousses d'ail finement hachées

500 g de carottes coupées en dés

415 g de haricots blancs à la sauce tomate, en boîte

125 g de lentilles roses

45 cl de bouillon végétal

sel et poivre

GRATIN

750 g de pommes de terre à cuire au four

150 g de chou frisé découpé en fines lanières

3 à 4 cuillerées à soupe de lait demi-écrémé

100 g de cheddar râpé

1 Saisissez l'oignon dans l'huile chaude d'une sauteuse, et laissez-le revenir 5 minutes en remuant, afin qu'il s'attendrisse.

2 Versez les carottes et l'ail et laissez cuire 2 minutes. Ajoutez ensuite les haricots, les lentilles et le bouillon. Salez, poivrez et portez à ébullition. Couvrez et laissez mijoter 20 minutes, jusqu'à ce que les lentilles soient tendres, en rajoutant de l'eau si nécessaire.

3 Pendant ce temps, préparez le mélange pour le gratin. Coupez les pommes de terre en gros morceaux et plongez-les 15 minutes dans une casserole à moitié remplie d'eau bouillante. Posez un panier à vapeur au-dessus, avec le chou dedans, couvrez et laissez cuire 5 minutes, jusqu'à ce que chou et pommes de terre soient tendres.

4 Égouttez les pommes de terre, versez-les dans un récipient avec le lait et réduisez-les en purée. Ajoutez ensuite le chou, les deux tiers du fromage, le sel et le poivre.

5 Versez le contenu de la sauteuse (préparé à l'étape 2) dans le fond d'un plat de cuisson. Versez la purée de pommes de terre dessus, puis saupoudrez avec le reste du fromage. Passez au gril 5 minutes, pour que la croûte prenne une belle teinte dorée.

Analyse nutritionnelle

427 kcal (1380 kJ)

protéines 14 g

glucides 50 g

lipides 20 g

Bonne source
de bêta-carotène

Temps de préparation

15 minutes

Temps de cuisson

16-17 minutes

Nombre de parts

4

✚ INTÉRÊT NUTRITIF

Consommez beaucoup de légumes verts,
car ils sont riches en caroténoïdes,
en folate et en fer. Les nouilles complètes
augmentent la teneur en fibres.

Curry de légumes verts au lait de coco

Rapide et facile à préparer, ce plat d'inspiration thaï, relevé par les saveurs du curry
et de la coriandre, se sert sur un lit de nouilles japonaises.

**1 cuillerée à soupe
d'huile de tournesol**

1 oignon haché

**4 cuillerées à café de pâte
de curry rouge thaï**

**40 cl de lait de coco en boîte,
à teneur réduite en matières
grasses**

15 cl de bouillon végétal

**1 carotte détaillée
en bâtonnets**

100 g de brocolis

125 g de chou chinois

**1 petit bouquet
de coriandre fraîche**

**100 g de haricots verts
détaillés en julienne**

**200 g de soba (nouilles
japonaises complètes)**

**75 g de petits pois surgelés
(facultatif)**

**50 g de cacahuètes grillées
à sec, non salées**

1 Une fois votre huile bien chaude dans une sauteuse, laissez-
y revenir l'oignon 5 minutes, en remuant, jusqu'à ce qu'il
s'attendrisse. Ajoutez la pâte de curry et prolongez la cuisson
1 minute.

2 Ajoutez le lait de coco et le bouillon, puis les bâtonnets de
carottes. Couvrez et laissez mijoter 5 minutes.

3 Entre-temps, coupez les tiges des brocolis en bâtonnets épais
et partagez les fleurs en deux. Détachez les feuilles du chou
chinois, détaillez-les en lamelles et coupez les tiges en
bâtonnets. Réservez quelques feuilles de coriandre pour la
garniture et coupez grossièrement les autres.

4 Versez les haricots verts et les tiges de brocolis dans la sauteuse,
couvrez et laissez cuire 3 minutes. Remplissez à moitié d'eau
une casserole, portez à ébullition et plongez-y les nouilles de
3 à 5 minutes pour qu'elles soient à peine cuites. Égouttez-les.

5 Ajoutez les fleurs de brocolis, les feuilles et les tiges de chou
chinois, et éventuellement les petits pois, ainsi que la coriandre
ciselée, puis prolongez la cuisson de 2 minutes.

6 Disposez les nouilles dans quatre assiettes creuses, avec la
sauce dans le fond, puis ajoutez les légumes par-dessus. Décorez
avec les cacahuètes et les feuilles de coriandre réservées.

Analyse nutritionnelle

525 kcal (2190 kJ)

protéines 11 g

glucides 52 g

lipides 32 g

Bonne source de fibres

Temps de préparation

35 minutes, plus
refroidissement

Temps de cuisson

20 minutes

Nombre de parts

4

 INTÉRÊT NUTRITIF

Les poivrons rouges et jaunes représentent un bon apport de vitamine C, de bêta-carotène et de bioflavonoïdes. L'ail et l'oignon contiennent des composés soufrés qui, selon certaines études, protégeraient du cancer de l'estomac.

Tartelettes d'avoine à la ratatouille

Dans cette recette, la pâte à base de farine de blé et de farine d'avoine, révèle un goût de noisette. Poivrons, tomates, courgettes et romarin apportent un parfum de Méditerranée.

PÂTE

175 g de farine de blé complète

50 g de farine d'avoine moyenne

4 cuillerées à café de romarin frais finement haché

125 g de margarine de soja

2 à 3 cuillerées à soupe d'eau

sel et poivre

RATATOUILLE

1 cuillerée à soupe d'huile d'olive

1 oignon haché

2 gousses d'ail finement hachées

1 poivron rouge et 1 poivron jaune épépinés, débarrassés de la partie centrale et en dés

375 g de courgettes en dés

400 g de tomates en boîte coupées en morceaux

2 cuillerées à café de sucre

1 cuillerée à soupe de romarin frais finement haché, plus quelques feuilles pour décorer

1 Pour préparer la pâte, mélangez les farines avec le romarin, le sel et le poivre. Incorporez la margarine et malaxez pour obtenir de fines miettes. Ajoutez suffisamment d'eau pour que la pâte soit homogène.

2 Pétrissez-la. Garnissez de pâte quatre moules individuels de 12 cm de diamètre. Ôtez l'excédent de pâte sur les bords et piquez le fond avec une fourchette. Laissez refroidir 15 minutes.

3 Disposez du papier sulfurisé sur les fonds de tarte et lestez avec des haricots blancs. Passez-les 10 minutes au four préchauffé, à 190 °C/th. 6, retirez papier sulfurisé et haricots, et laissez encore 10 minutes, pour que la pâte soit légèrement dorée.

4 Pendant ce temps, préparez la ratatouille. Dans l'huile chaude d'une poêle, laissez revenir l'oignon, puis ajoutez l'ail, les poivrons, les courgettes et maintenez au feu encore 3 minutes.

5 Ajoutez les tomates, le sucre, le romarin, du sel et du poivre. Laissez mijoter 5 minutes, pour épaissir le mélange.

6 Retirez avec soin les fonds de tarte des moules, placez-les sur un plat de service et garnissez-les de ratatouille. Décorez avec les feuilles de romarin et servez avec une pomme de terre en robe des champs et une salade.

Desserts

Analyse nutritionnelle

70 kcal (305 kJ)

protéines 0 g

glucides 19 g

lipides 0 g

Bonne source de vitamine C

Temps de préparation

25 minutes, plus
congélation

Temps de cuisson

4-5 minutes

Nombre de parts

4

 **INTÉRÊT NUTRITIF**

Pauvres en matières grasses mais pleines de vitamines, les mangues sont riches en bêta-carotène et en vitamine C, deux antioxydants essentiels.

Granité au citron vert et à la mangue

Léger, acidulé et rafraîchissant, c'est le dessert auquel on ne saurait résister après un curry épicé ou un chili. C'est aussi l'occasion pour les personnes peu portées sur les fruits, de se laisser séduire.

50 g de sucre en poudre

30 cl d'eau

**zeste finement râpé
et jus de 2 citrons verts**

1 grosse mangue bien mûre

**quelques zestes de citron vert
pour décorer**

**des tranches de mangue
en accompagnement**

1 Versez le sucre, l'eau et le zeste de citron râpé dans une petite casserole et chauffez à feu doux 4 à 5 minutes, jusqu'à la dissolution complète du sucre. Laissez refroidir.

2 Coupez la mangue en deux de chaque côté, de part et d'autre du noyau central, formez des croisillons puis retirez la chair à l'aide d'une cuillère. Raclez la chair qui reste sur la partie dure. Mixez jusqu'à ce que vous obteniez une purée homogène.

3 Mélangez cette purée, le sirop de sucre et le jus de citron, puis versez dans un bac à glaçons de 2 cm de profondeur. Laissez au freezer pendant 1 heure.

4 Retirez le bac du freezer et écrasez le mélange à la fourchette pour briser les gros cristaux de glace. Replacez au freezer pendant 1 heure 30, en battant le mélange à la fourchette toutes les demi-heures, jusqu'à ce que le granité ait la consistance de la glace pilée.

5 Disposez-le sur quatre assiettes, décorez avec les zestes de citron et servez avec des tranches de mangue. S'il reste du granité, gardez-le dans une boîte en plastique hermétique et replacez-le dans le freezer.

Analyse nutritionnelle

130 kcal (1325 kJ)

protéines 3 g

glucides 43 g

lipides 3 g

Temps de préparation

15 minutes

Temps de cuisson

5-7 minutes

Nombre de parts

4

+ INTÉRÊT NUTRITIF

Les œufs étant à peine cuits, cette recette ne convient ni aux jeunes mères, ni aux enfants, ni aux personnes convalescentes. Ce dessert est particulièrement riche en vitamine C, en magnésium et en fer.

Sabayon aux fruits

Transformez une simple salade de fruits en un entremets somptueux, grâce à l'ajout d'une crème légère et savoureuse. Choisissez des fruits bien mûrs, pour un maximum de sucre naturel.

175 g d'abricots dénoyautés et coupés en tranches

200 g de fraises coupées en deux ou en quatre selon leur taille

150 g de grains de raisin noir sans pépins, coupés en deux s'ils sont gros

2 kiwis pelés et coupés en huit dans le sens de la longueur

2 jaunes d'œufs

25 g de sucre en poudre

5 cuillerées à soupe de jus de raisin blanc et de fleurs de sureau

sucre glace pour saupoudrer

1 Répartissez les fruits dans quatre ramequins allant au feu.

2 Remplissez à moitié d'eau une casserole, portez à ébullition et placez un grand bol au-dessus, en veillant à ce qu'il ne touche pas l'eau.

3 Versez dedans les jaunes d'œufs, le sucre et le jus de fruit et battez avec un fouet électrique ou à main pendant 4 à 5 minutes, jusqu'à ce que le mélange devienne très épais et mousseux (le fouet doit laisser une trace quand on le soulève).

4 Versez la mousse sur les fruits et placez les ramequins pendant 1 à 2 minutes sous le gril préchauffé, jusqu'à ce que le dessus commence tout juste à dorer. Saupoudrez légèrement de sucre glace et servez aussitôt.

Analyse nutritionnelle
315 kcal (1325 kJ)
protéines 11 g
glucides 43 g
lipides 4 g
Bonne source
de bêta-carotène

Temps de préparation
25 minutes,
plus temps de levage
Temps de cuisson
20 minutes
Nombre de parts
6

➕ INTÉRÊT NUTRITIF

Les prunes contiennent du bêta-carotène et de la cryptoxanthine, qui est un caroténoïde. Si elles sont très sucrées, réduisez de moitié la quantité de sucre indiquée. Servez avec du fromage blanc pour augmenter la dose de calcium.

Blinis et compote
de prunes à la cannelle

Ces petites crêpes épaisses au blé et au sarrasin sont servies chaudes. Elles sont ici accompagnées de fromage blanc et d'une compote de prunes parfumée à la cannelle.

250 g de farine de sarrasin

125 g de farine de blé

1 pincée de sel

1 cuillerée à café de levure instantanée

30 cl de lait demi-écrémé

15 cl d'eau, plus 3 cuillerées à soupe

1 œuf battu

huile pour graisser

fromage blanc en accompagnement

COMPOTE
500 g de prunes rouges bien mûres, dénoyautées et coupées en morceaux

50 g de sucre en poudre

1 pincée de cannelle en poudre

2 cuillerées à soupe d'eau

1 Mélangez les farines, le sel et la levure dans une jatte. Chauffez le lait et l'eau dans une petite casserole : une fois tièdes, incorporez-les à la farine pour obtenir une pâte à crêpes lisse.

2 Couvrez la jatte avec un torchon et gardez-la 1 heure dans un endroit chaud, jusqu'à ce que la pâte lève et forme des bulles.

3 Pendant ce temps, préparez la compote. Versez les prunes dans une casserole, avec le sucre, la cannelle et l'eau. Couvrez et laissez cuire 5 minutes à feu doux. Quand les prunes sont tendres, réservez.

4 Incorporez l'œuf battu et 3 cuillerées à soupe d'eau tiède dans la pâte. Chauffez une plaque à crêpes ou une poêle à fond épais, légèrement graissée. Déposez-y des petits monticules de pâte bien espacés. Laissez cuire 2 à 3 minutes de chaque côté, le temps que les blinis puissent dorer.

5 Enveloppez-les ensuite dans un torchon pour les garder chauds. Poursuivez la cuisson des autres blinis, en rajoutant de la matière grasse si nécessaire.

6 Réchauffez la compote. Répartissez les blinis sur six assiettes, versez la compote dessus, puis le fromage blanc, et nappez avec un peu du jus de la compote.

Analyse nutritionnelle

385 kcal (1600 kJ)

protéines 15 g

glucides 37 g

lipides 20 g

Bonne source de vitamine C

Temps de préparation

20 minutes,

plus temps de congélation

Temps de cuisson

2 heures -2 heures 30

Nombre de parts

4

 **INTÉRÊT NUTRITIF**

Le lait est une excellente source
de calcium et de vitamine D.
Les fruits contiennent des antioxydants,
du bêta-carotène et des bioflavonoïdes.

Glace indienne aux pistaches et à la papaye

Voici une crème glacée aux délicats arômes de cardamome et de pistache.
Son mode de préparation – le lait bout lentement jusqu'à réduire des deux tiers –
la rend plus digeste que les glaces européennes.

1,5 l de lait entier

**3 gousses de cardamome
grossièrement pilées**

**2 cuillerées à soupe de sucre
en poudre**

**50 g de pistaches pelées
et finement broyées, plus
quelques-unes pour décorer**

EN ACCOMPAGNEMENT

1 papaye

½ grenade (facultatif)

1 Versez le lait dans une grande casserole à fond épais et portez-le à ébullition. Ajoutez les gousses et les graines de cardamome, baissez le feu et laissez mijoter pendant 2 heures à 2 heures 30, jusqu'à ce qu'il ne reste que 45 cl de lait environ.

2 Passez le lait, ajoutez le sucre et laissez refroidir.

3 Mélangez les pistaches au lait et versez dans quatre grands moules peu épais. Laissez au congélateur toute une nuit.

4 Coupez la papaye en deux et enlevez ses graines noires. Pelez-la, coupez-la en tranches et déposez ces dernières dans un saladier. Coupez la grenade en gros morceaux et détachez-en les grains rouges et rosés. Ajoutez ceux-ci à la papaye, couvrez et laissez au frais jusqu'au moment de servir.

5 Pour démouler la glace, plongez les moules dans de l'eau bouillante, comptez jusqu'à 10, puis retournez-les sur les assiettes. Retirez les moules et essuyez les assiettes avec du papier absorbant si nécessaire. Répartissez les fruits autour de la glace et décorez avec quelques pistaches coupées en petits copeaux.

Analyse nutritionnelle

230 kcal (970 kJ)

protéines 6 g

glucides 49 g

lipides 3 g

Bonne source de fibres

Temps de préparation

20 minutes

Temps de cuisson

5 minutes

Nombre de parts

4

 INTÉRÊT NUTRITIF

Le jus de raisin 100 % pur fruit change du jus d'orange ou de pomme. Rouge ou noir, le raisin est une bonne source d'antioxydants et il complète agréablement ce dessert pauvre en matières grasses.

Poires chaudes aux épices

Voici un dessert à faible teneur en matières grasses. Les poires sont cuites dans du jus de raisin aromatisé à la cannelle, puis nappées de fromage blanc et de morceaux de macaron.

4 poires comice ou williams bien mûres

45 cl de jus de raisin rouge sans addition de sucre

1 bâton de cannelle coupé en deux

1 pincée de muscade en poudre

zeste d'1 orange

2 cuillerées à soupe de sucre de canne roux en poudre

4 cuillerées à café de Maïzena

50 g de macarons émiettés

200 g de fromage blanc à faible teneur en matières grasses

1 Pelez les poires, en laissant les queues, puis coupez-les en deux dans le sens de la longueur. Retirez le cœur à l'aide d'une petite cuillère.

2 Disposez les poires dans une casserole, avec le jus de raisin, les épices, le zeste d'orange et le sucre. Laissez 5 minutes à feu doux, jusqu'à ce qu'elles ramollissent. Réservez le temps qu'elles s'imprègnent bien du parfum des épices.

3 Sortez-les de la casserole et réservez de nouveau. Jetez le zeste d'orange. Dans un bol, mélangez la Maïzena avec un peu d'eau pour former une pâte lisse. Ajoutez-la au jus de raisin, portez à ébullition et remuez jusqu'à ce que vous obteniez un mélange épais et homogène. Ajoutez les poires et replacez à feu doux.

4 Mélangez les miettes de macaron et le fromage blanc. Disposez les poires sur quatre assiettes et nappez avec le mélange macaron-fromage blanc.

Analyse nutritionnelle

280 kcal (1185 kJ)

protéines 11 g

glucides 45 g

lipides 7 g

Bonne source de calcium

Temps de préparation

25 minutes

Temps de cuisson

40 minutes

Nombre de parts

4

 **INTÉRÊT NUTRITIF**

Une variante du fameux pudding anglais agrémentée de myrtilles et de zestes de citron, riches en substances protectrices telles que flavonoïdes et terpénoïdes.

Pudding aux myrtilles

La recette traditionnelle de ce célèbre dessert est ici sensiblement allégée, en réduisant la quantité de confiture et en ajoutant des myrtilles fraîches, afin de diminuer ses calories et d'augmenter sa teneur en vitamines.

45 cl de lait demi-écrémé

50 g de mie de pain fraîche

zeste râpé de 2 citrons

100 g de sucre en poudre

3 œufs, jaunes et blancs séparés

2 cuillerées à soupe de confiture de cerises ou de fraises

100 g de myrtilles

1 Versez le lait dans une casserole, portez à ébullition, retirez aussitôt du feu et ajoutez la mie de pain, le zeste de citron et 2 cuillerées à soupe de sucre.

2 Laissez refroidir quelques minutes, puis incorporez peu à peu les jaunes d'œufs, un à un, tout en battant. Versez le mélange dans un plat de cuisson et laissez reposer 10 minutes.

3 Enfournez-le ensuite pendant 20 à 25 minutes dans un four préchauffé à 180 °C/th. 6, jusqu'à ce que la crème au citron commence à dorer.

4 Réduisez le feu à 160 °C/th. 5. Dans une jatte, battez les blancs d'œufs en neige ferme. Incorporez-y graduellement le reste du sucre, une cuillerée à la fois. À la fin, fouettez 1 à 2 minutes, jusqu'à ce que le mélange devienne épais et brillant.

5 Répartissez de petites quantités de confiture sur la crème au citron et parsemez de myrtilles. Versez les blancs en neige sur les myrtilles et remuez avec une cuillère. Replacez le plat au four et laissez cuire 15 minutes, jusqu'à ce que le dessus prenne une couleur beige clair. Servez chaud ou froid.

Analyse nutritionnelle

95 kcal (405 kJ)

protéines 2 g

glucides 23 g

lipides 0 g

Temps de préparation

15 minutes, plus
refroidissement

Temps de cuisson

4-5 minutes

Nombre de parts

6

 **INTÉRÊT NUTRITIF**

Les fruits congelés ont la même valeur
nutritionnelle que les fruits frais et,
hors saison, ils coûtent bien moins cher.
Les fruits rouges utilisés ici regorgent
de flavonoïdes.

Gelée de fruits rouges

Les aliments prêts à l'emploi ne sont pas tous à dédaigner. Dans cette recette, où
se mêlent des fruits rouges surgelés et du jus de raisin, un peu de gélatine permet
d'obtenir un dessert frais et fruité, riche en vitamines et pauvre en calories.

**45 cl de jus de raisin rouge,
sans addition de sucre**

25 g de gélatine en poudre

50 g de sucre en poudre

**500 g d'un mélange de fruits
rouges surgelés**

**quelques fruits
supplémentaires, frais
ou décongelés, pour décorer
(facultatif)**

1 Dans un bol, versez 15 cl de jus de raisin, puis la gélatine en
poudre, et assurez-vous que celle-ci ait bien été absorbée par
le jus. Réservez pendant 5 minutes.

2 Placez le bol dans une casserole d'eau frémissante et chauffez
4 à 5 minutes à feu doux, jusqu'à ce que la gélatine soit
complètement dissoute.

3 Incorporez le sucre, puis ajoutez le reste du jus de raisin.

4 Disposez les fruits encore congelés dans un moule à cake et
recouvrez-les avec le jus chaud. Mélangez bien, puis laissez au
réfrigérateur pendant 3 heures, le temps que le mélange prenne
et que les fruits soient complètement décongelés.

5 Au moment de servir, plongez le moule dans de l'eau
bouillante. Comptez jusqu'à 10, puis détachez la gelée des
bords du moule et renversez-la sur un plat. Décorez à votre
convenance avec quelques fruits, et découpez de belles parts
pour servir.

Analyse nutritionnelle

75 kcal (310 kJ)

protéines 1 g

glucides 9 g

lipides 4 g

Temps de préparation

15 minutes

Temps de cuisson

6-8 minutes

Nombre de parts

12

+ INTÉRÊT NUTRITIF

Deux corolles comptent pour une portion de fruits. Les myrtilles sont riches en flavonoïdes et vous pouvez augmenter votre ration de calcium en accompagnant ce dessert de fromage blanc ou de glace au yaourt.

Corolles aux myrtilles et aux nectarines

Préparées avec des feuilles de pâte filo minces comme du papier à cigarette, ces corolles croustillantes sont beaucoup moins riches en matières grasses que celles confectionnées avec de la pâte brisée.

25 g de beurre

2 cuillerées à café d'huile d'olive

4 feuilles de pâte filo, décongelées si elles sont surgelées, de 30 cm x 18 cm chacune, ou 65 g au total

2 cuillerées à soupe de confiture de myrtilles allégée en sucre

jus d'½ orange

4 nectarines bien mûres, dénoyautées et coupées en tranches

150 g de myrtilles

sucre glace pour saupoudrer

fromage blanc ou glace au yaourt en accompagnement

1 Chauffez le beurre et l'huile dans une petite casserole, jusqu'à ce que le beurre soit fondu.

2 Déroulez la pâte et séparez les feuilles. Enduisez-les légèrement du mélange beurre/huile, puis découpez vingt-quatre morceaux de 10 cm x 8 cm chacun.

3 Disposez chaque morceau de pâte dans les compartiments d'un moule à muffins à douze trous. Ajoutez ensuite un second morceau, un peu en travers du premier, de manière à former des bords dentelés pour chaque compartiment.

4 Dans un four préchauffé à 180 °C/th. 6, laissez cuire 6 à 8 minutes jusqu'à ce que la pâte soit dorée. Pendant ce temps, ajoutez la confiture et le jus d'orange dans une casserole, puis les nectarines et les myrtilles, et continuez à chauffer.

5 Démoulez délicatement les corolles et dressez-les sur un plat de service. Garnissez-les avec les fruits chauds et saupoudrez de sucre glace. Servez avec du fromage blanc ou de la glace au yaourt.

Gâteaux et pâtisseries

Analyse nutritionnelle

185 kcal (780 kJ)

protéines 5 g

glucides 20 g

lipides 11 g

Bonne source de vitamine E

Temps de préparation

30 minutes

Temps de cuisson

25-30 minutes

Nombre de parts

18

➕ **INTÉRÊT NUTRITIF**

Ce mélange de farine complète, de germe de blé et de fruits compose un gâteau riche en bêta-carotène, vitamine E et autres caroténoïdes. Une tranche équivaut à une portion journalière d'amidon.

Gâteau de carottes aux épices

Ce gâteau léger et moelleux contient peu de graisses et de sucre. Délicatement parfumé à la cannelle et au gingembre, il se déguste nappé de fromage frais.

200 g de carottes râpées

1 pomme râpée

zeste râpé d'$^1/_2$ orange

2 cuillerées à soupe de gingembre confit

15 cl d'huile de tournesol

3 œufs battus

3 cuillerées à soupe de germe de blé

125 g de sucre de canne roux en poudre

200 g de farine complète avec levure incorporée

2 cuillerées à café de levure chimique

cannelle en poudre

GLAÇAGE

200 g de fromage frais à basse teneur en matières grasses

1 cuillerée à soupe de miel

2 cuillerées à soupe de jus d'orange

cannelle en poudre pour décorer

1 Tapissez le fond et les parois d'un moule à gâteau de 18 cm x 28 cm x 5 cm avec une grande feuille de papier sulfurisé.

2 Dans un saladier, déposez les carottes, la pomme et le zeste d'orange, puis le gingembre, l'huile, les œufs. Mélangez.

3 Ajoutez les germes de blé, le sucre, la farine, la levure et 1 cuillerée à café de cannelle en poudre et mélangez bien. Versez cette préparation dans le moule, égalisez la surface et, dans un four préchauffé, laissez cuire 25 à 30 minutes à 180 °C/th. 6, jusqu'à ce que la pâte ait bien gonflé et que la surface soit élastique.

4 Laissez refroidir dans le moule, puis démoulez et retirez le papier sulfurisé.

5 Battez le fromage frais et le miel. Incorporez délicatement le jus d'orange, jusqu'à ce que vous obteniez un mélange homogène, facile à étaler. Nappez-en le gâteau, répartissez avec le dos d'une cuillère et saupoudrez d'un peu de cannelle en poudre. Coupez en dix-huit parts. Enveloppez éventuellement ce qui reste avec du papier aluminium et gardez-le au réfrigérateur. Il se conserve 2 jours.

Analyse nutritionnelle

240 kcal (1160 kJ)

protéines 6 g

glucides 46 g

lipides 5 g

Bonne source de fibres

Temps de préparation

25 minutes, plus trempage

Temps de cuisson

1 heure 15

Nombre de parts

12-14 tranches

 **INTÉRÊT NUTRITIF**

Voici une recette qui offre à toute la famille, l'air de rien, un maximum de fibres. C'est aussi une bonne source de minéraux, dont le calcium et le fer.

Cake au son

Malgré sa similitude d'aspect et de goût avec un cake traditionnel, celui-ci est très riche en fibres et pauvre en matières grasses. Il se conserve très bien dans une boîte en métal et se montre idéal pour les petits creux, au bureau comme à la maison.

175 g de céréales pour petit déjeuner, riches en fibres et en son

375 g d'un mélange de fruits secs d'excellente qualité

45 cl de jus de pomme ou de raisin

150 g de sucre de canne roux en poudre

175 g de farine avec levure incorporée

2 cuillerées à café de levure chimique

1 cuillerée à café de cannelle en poudre

1 grosse pincée de noix de muscade en poudre

zeste râpé et jus d'1 orange

2 œufs battus

50 g de noix de pécan coupées en deux

1 Dans un grand récipient, versez le jus de raisin ou de pomme sur les céréales et les fruits secs, puis laissez tremper 30 minutes.

2 Tapissez le fond et les bords d'un moule à cake avec du papier sulfurisé.

3 Mélangez les ingrédients secs dans un grand bol. Ajoutez le zeste et le jus d'orange aux céréales imbibées, puis mélangez les céréales, les ingrédients secs et les œufs.

4 Versez le mélange dans le moule, égalisez la surface et répartissez les noix de pécan sur le dessus.

5 Dans un four préchauffé, laissez cuire à 160 °C/th. 5 pendant 1 heure 10 à 1 heure 15, jusqu'à ce que la pâte ait bien gonflé ; la pointe d'un couteau piquée au centre doit ressortir propre. Jetez un coup d'œil après 20 minutes et couvrez avec du papier aluminium si les noix brunissent trop vite.

6 Laissez refroidir, puis démoulez. Retirez le papier sulfurisé, découpez en tranches et servez. Ce cake se conserve 8 jours dans une boîte en métal hermétique.

Analyse nutritionnelle

150 kcal (640 kJ)

protéines 8 g

glucides 14 g

lipides 8 g

Contient du bêta-carotène

Temps de préparation

35 minutes

Temps de cuisson

15-20 minutes

Nombre de parts

8 tranches

 **INTÉRÊT NUTRITIF**

Réduire les graisses saturées est parfois difficile, surtout quand on aime les pâtisseries. Dans ce gâteau, cependant, les lipides proviennent surtout des amandes, et il s'agit de graisses mono-insaturées.

Gâteau de Savoie aux amandes et aux abricots

Voici un gâteau léger et moelleux, parfait à l'heure du thé, confectionné avec du fromage blanc. La purée d'abricots et les amandes lui donnent un goût savoureux et raffiné.

4 œufs

125 g de sucre en poudre

½ cuillerée à café d'extrait d'amandes

50 g de farine

75 g de poudre d'amandes

2 cuillerées à soupe d'amandes effilées

sucre glace pour décorer

PURÉE D'ABRICOTS

125 g d'abricots secs

15 à 20 cl d'eau ou de jus de pomme

125 g de fromage blanc à faible teneur en matières grasses

1 Versez les œufs, le sucre et l'extrait d'amandes dans une jatte et battez jusqu'à ce que vous obteniez un mélange épais et mousseux.

2 Incorporez progressivement la farine et la poudre d'amandes.

3 Répartissez le mélange dans deux moules ronds de 18 cm de diamètre, tapissés de papier sulfurisé légèrement graissé. Égalisez la surface en inclinant les moules, puis saupoudrez d'amandes effilées l'un des deux gâteaux.

4 Dans un four préchauffé, laissez cuire 15 à 20 minutes à 180 °C/th. 6, jusqu'à ce que les gâteaux aient gonflé, et qu'ils soient bien dorés et élastiques au toucher. Laissez refroidir 10 minutes, puis détachez-les des bords des moules à l'aide d'un couteau. Démoulez, retirez le papier sulfurisé et laissez refroidir.

5 Dans une petite casserole, plongez les abricots dans l'eau ou le jus de pomme. Couvrez et laissez mijoter 10 minutes. Passez-les au mixeur pour les réduire en purée. Laissez refroidir.

6 Disposez le gâteau sans amandes effilées sur un plat, étalez la purée d'abricots dessus, puis nappez de fromage blanc. Posez par-dessus le second gâteau, avec les amandes sur le dessus, et saupoudrez de sucre glace. Découpez en tranches et servez.

Analyse nutritionnelle

275 kcal (1160 kJ)

protéines 7 g

glucides 42 g

lipides 10 g

Source modérée de fibres

Temps de préparation

25 minutes

Temps de cuisson

1 heure – 1 heure 15

Nombre de parts

10 tranches

 **INTÉRÊT NUTRITIF**

Les canneberges, riches en potassium, bêta-carotène et vitamine C, contiennent en outre des antioxydants naturels comme la quercétine.

Cake aux canneberges et à la banane

Une recette facile pour un gâteau qui peut se déguster à tout moment et qui se conserve parfaitement. À la place des canneberges, vous pouvez très bien utiliser des airelles ou des myrtilles, et ajouter différents fruits secs.

50 g de margarine végétale ou de beurre

125 g de sucre de canne roux en poudre

3 cuillerées à soupe d'huile de tournesol

3 œufs

500 g de bananes (pesées avec la peau), soit 4 environ

250 g de farine complète avec levure incorporée

75 g de flocons d'orge

75 g de canneberges séchées (ou d'airelles ou de myrtilles)

1 Garnissez le fond et les bords d'un grand moule à gâteau avec du papier sulfurisé.

2 Versez le beurre ou la margarine fondus dans un saladier. Ajoutez le sucre, l'huile et les œufs, et mélangez à l'aide d'une fourchette.

3 Écrasez les bananes sur une assiette, puis ajoutez-les au mélange précédent, avec la farine et la totalité des flocons d'orge, moins 2 cuillerées à soupe. Mélangez bien, puis incorporez les canneberges.

4 Versez la préparation dans le moule, égalisez la surface et saupoudrez du reste des flocons d'orge. Dans un four préchauffé à 180 °C/th. 6, laissez cuire pendant 1 heure à 1 heure 15, jusqu'à ce que la pâte ait bien gonflé : la pointe d'un couteau piquée au centre, doit ressortir propre. Vérifiez après 30 minutes et couvrez avec du papier aluminium si la surface brunit trop vite.

5 Laissez refroidir, puis détachez le gâteau des bords à l'aide d'un couteau. Démoulez et retirez le papier sulfurisé. Découpez de belles tranches et servez. Ce gâteau se conserve 4 jours dans une boîte hermétique en métal.

Analyse nutritionnelle

220 kcal (935 kJ)

protéines 5 g

glucides 31 g

lipides 10 g

Temps de préparation

15 minutes

Temps de cuisson

18-20 minutes

Nombre de parts

12 tranches

 **INTÉRÊT NUTRITIF**

Chaque muffin contient des substances potentiellement protectrices : bioflavonoïdes des myrtilles et terpénoïdes du zeste de citron.

Muffins aux myrtilles et au citron

Prêts en quelques minutes, ces délicieux muffins aux fruits sont meilleurs chauds. Vous pouvez les congeler et, au moment de les servir, les laisser décongeler à température ambiante et les passez au four ou au micro-ondes.

175 g de farine complète ou maltée

125 g de farine ordinaire

3 cuillerées à café de levure chimique

125 g de sucre de canne roux en poudre

200 g de myrtilles

zeste râpé et jus d'1 citron

4 cuillerées à soupe d'huile d'olive ou de tournesol

50 g de margarine végétale ou de beurre, fondus

3 œufs battus

15 cl de lait demi-écrémé

GLAÇAGE AU CITRON (FACULTATIF)

125 g de sucre glace

jus d'½ citron

1 Mélangez bien les farines, la levure, le sucre et les myrtilles dans un récipient. Versez le reste des ingrédients dans une jatte, mélangez-les à la fourchette et ajoutez-les aux ingrédients secs. Mélangez le tout à la fourchette.

2 Répartissez la préparation dans les compartiments d'un moule à muffins à douze trous, tapissés au préalable de fonds de tartelettes en papier. Dans un four préchauffé, laissez cuire 18 à 20 minutes à 190 °C/th. 6, jusqu'à ce que la pâte ait bien gonflé et que le dessus des muffins se craquelle. Laissez refroidir pendant 15 minutes.

3 Pour le glaçage, versez le sucre glace dans un bol, incorporez le jus de citron en filet, pour obtenir un mélange fluide. Démoulez les muffins et, à l'aide d'une cuillère, laissez tomber quelques gouttes de glaçage ici et là. Attendez qu'elles durcissent et servez les muffins pendant qu'ils sont encore chauds.

index

A

abricot
 gâteau de Savoie aux amandes
  et aux abricots 119
 poulet au boulgour aromatisé
  aux agrumes et aux fruits 74
 sabayon aux fruits 104
 yaourt aux abricots 45
acides
 aminés 60
 foliques 81
 gras
  cis 22-23
  essentiels 22, 50
  oméga-3 20, 76
  trans 22-23
acrylamide 34
additifs 33
ADN 6, 13, 14
aflatoxines 13, 26
agrumes, poulet au boulgour
 aromatisé aux agrumes
  et aux fruits 74
airelles, voir canneberges
alcool 13, 25, 33
alimentation
 différents types d'études 10-11
 influence 12-13
 liens avec le cancer 10-11
aliments
 biologiques 30
 génétiquement modifiés 31
 industriels 12-13
amande
 gâteau de Savoie aux amandes
  et aux abricots 119
amidon 86, 116
 aliments riches en 16-17
amines hétérocycliques aromatiques
 26, 78
antioxydants 14-15, 31, 33, 52, 54, 77,
 102, 106, 108, 120
avocat, salade tiède de saumon à
 l'avocat et au sésame 77
avoine
 porridge aux trois céréales 42
 tartelettes d'avoine à la ratatouille
  98

B

banane
 cake aux canneberges
  et à la banane 120
 le booster du matin 51
 salade aux trois fruits
  à la mousse de banane 41
barbecue 26
barres de muesli aux pruneaux 38

bêta-carotène 14, 64, 66, 72, 81, 96,
 98, 102, 105, 106, 116, 119-120
betterave, ragoût de haricots rouges
 et de betteraves 92
bioactifs (composés) 14-15, 62
bioflavonoïdes 98, 106, 122
blinis et compote de prunes
 à la cannelle 105
bloody Marianna 54
bœuf, ragoût de bœuf
 aux légumes 78
booster du matin, le 51
boulgour, poulet au boulgour
 aromatisé aux agrumes
  et aux fruits 74
brocoli
 flans aux brocolis
  et aux épinards 66
 salade italienne aux brocolis
  et aux œufs durs 62

C

café 32
cake
 au son 118
 aux canneberges et à la banane 120
calcium 22, 35, 40-41, 58, 65, 66, 81,
 92, 94, 106, 118
cancer
 causes 8-9
 définition 6-7
 formes courantes 9
 foyer primitif 7
 fréquence 9
 liens avec l'alimentation 10-11
 propagation 7
 réduction des risques 34
 taux de mortalité 4
 tumeurs secondaires 7
 types de cancers
  bouche 12, 18, 34
  col de l'utérus 9, 34
  côlon 16, 18, 20, 22, 28-29
  endomètre 28, 29
  estomac 12-13, 16, 18, 24, 34, 98
  foie 9, 26
  gorge 12, 18, 34
  intestin 12
  nasopharynx 9
  œsophage 12-13, 16, 18, 34
  ovaires 20
  pancréas 18, 20, 34
  pharynx 18
  poumon 12, 18, 22, 34
  prostate 20, 22
  recto-côlon 20
  rectum 16, 18, 20, 22
  rein 20, 28, 34

  sein 8, 18, 20, 22, 28-31
  utérus 9, 28, 34
  vessie 18, 32, 34
cancérigènes 8, 13
canneberges, cake aux canneberges
 et à la banane 120
caroténoïdes 15, 16, 41, 42, 54, 58, 65,
 88, 89, 92, 94, 96, 105, 116
carotte
 gâteau de carottes aux épices 116
 gratin de lentilles et
  de haricots aux légumes 94
 jus de pomme et de carotte
  au gingembre 52
 poulet rôti aux légumes
  et aux épices 72
 ragoût de bœuf au légumes 78
 salade de carottes
  et de graines germées 64
 soupe aux carottes
  et au poivron rouge 65
céleri, bloody Marianna 54
cellules (reproduction des) 6-7
céréales 12-13, 16-17
 barres de muesli aux pruneaux 38
 cake au son 118
 muesli au miel 44
 porridge aux trois céréales 42
champignon, streusel aux
 champignons 90
chaussons aux épinards et à la feta 89
chou
 curry de légumes verts au lait
  de coco 96
 gratin de lentilles et
  de haricots aux légumes 94
 ragoût de bœuf aux légumes 78
 soupe thaï aux crevettes 68
citron
 granité au citron vert
  et à la mangue 102
 muffins aux myrtilles
  et au citron 122
 symphonie en rouge 48
cocarcinogènes 32
cocktail aux poires, épices et
 noisettes grillées 50
coco, curry de légumes verts au lait
 de coco 96
compote de prunes 105
concombre, bloody Marianna 54
conservation
 des aliments, voir stockage
 des viandes et des poissons 20
corolles aux myrtilles
 et aux nectarines 112
courge, curry de courges
 et de graines de soja 88

courgette, tartelettes d'avoine à la
   ratatouille 98
crevette, soupe thaï aux crevettes 68
croûtons au pesto 65
cryptoxanthine 41, 58, 105
cuisson 26-27, 62
curry
   curry de courges et de graines
      de soja 88
   curry de légumes verts au lait
      de coco 96

D
dioxines 32

E
enfants 35
environnement 8
épinards
   chaussons aux épinards et à la feta 89
   flans aux brocolis et aux épinards 66
études
   de cas témoins 11
   de cohorte 11
   des populations migrantes 10-11
   d'intervention 11
   épidémiologiques 10
exercice 29

F
fécule, voir amidon
féculents 16-17
fenouil, steaks de thon au fenouil 76
fer 35, 38, 40, 42, 45, 66, 72, 74, 76, 78,
   80, 89, 92, 96, 104, 118
fèves, salade de thon, de haricots
   mélangés et de fèves 61
fibres 16, 38, 40, 51, 72, 80, 86, 88, 92,
   94, 96, 98, 108, 118, 120
figues
   le booster du matin 51
   pain au tournesol et aux figues 40
flans aux brocolis et aux épinards 66
flavonoïdes 14, 15, 33, 109, 110, 112
flétan rôti en croûte aux olives 82
folate 15, 16, 58, 60, 72, 76, 92, 94, 96
fraîcheur des aliments 26-27
fraise
   sabayon aux fruits 104
   symphonie en rouge 48
fromage
   chaussons aux épinards et à la feta 89
   gâteau de carottes aux épices 116
   gratin de lentilles et de haricots
      aux légumes 94
fromage blanc
   poires chaudes aux épices 108
   purée d'abricots 119

salade aux trois fruits à la mousse
   de banane 41
fruits 18-19, 31
   voir aussi banane, pomme, etc.
   cake au son 118
   cuisson 26-27
   gelée de fruits rouges 110
   poires chaudes aux épices 108
   poulet au boulgour aromatisé
      aux agrumes et aux fruits 74
   sabayon aux fruits 104
   salade aux trois fruits à la mousse
      de banane 41
   stockage 27
fumage des viandes et des poissons 20

G
gâteau
   gâteau de carottes aux épices 116
   gâteau de Savoie aux amandes
      et aux abricots 119
gelée de fruits rouges 110
gènes 8
germe de blé, gâteau de carottes
   aux épices 116
gingembre, jus de pomme
   et de carotte au gingembre 52
glaçage au citron 120
glace indienne aux pistaches
   et à la papaye 106
graines germées, salade de carottes
   et de graines germées 64
graisses
   hydrogénées 22, 23
   mono-insaturées 22, 23
   poly-insaturées 23
   saturées 22, 23
granité au citron vert et à la mangue
   102
gratin de lentilles et de haricots
   aux légumes 94

H
haricots
   gratin de lentilles et de haricots
      aux légumes 94
   ragoût de haricots rouges
      et de betteraves 92
   salade de thon, de haricots
      mélangés et de fèves 61
hormones 13, 28
huiles 22-23

I
indice de masse corporelle (IMC) 28
infections virales 9
isoflavones 14, 15
isothiocyanates 15, 62, 94

J
jus de pomme et de carotte
   au gingembre 52

K
kiwi
   sabayon aux fruits 104
   salade aux trois fruits à la mousse
      de banane 41
   tous au vert ! 55

L
lait, produits laitiers 22, 35
légumes 18-19
   voir aussi carotte, chou, etc.
   gratin de lentilles et de haricots
      aux légumes 94
   curry de courges et de graines
      de soja 88
   curry de légumes verts au lait
      de coco 96
   poulet rôti aux légumes
      et aux épices 72
   ragoût de bœuf aux légumes 78
   ragoût de haricots rouges
      et de betteraves 92
lentilles, gratin de lentilles
   et de haricots aux légumes 94
lignane 14, 15, 40
lin (graines de)
   le booster du matin 51
   muesli au miel 44
   pain au tournesol et aux figues 40
lutéine 89
lycopène 54, 82

M
macaron, poires chaudes
   aux épices 108
magnésium 38, 58, 65, 81, 104
mangue
   granité au citron vert
      et à la mangue 102
   salade épicée au poulet
      et à la mangue 58
maquereaux marinés avec de la purée
   de panais pimentée 81
matières grasses 22-23
melon, tous au vert ! 55
ménopause 28
métastases 7
micro-ondes 27
miel, muesli au miel 44
minéraux 14
   voir aussi fer, magnésium, etc.
moisissure 13, 26, 27
muesli
   barres de muesli aux pruneaux 38

muesli au miel 44
muffins aux myrtilles et au citron 122
myrtilles
 corolles aux myrtilles
   et aux nectarines 112
 muffins aux myrtilles et au citron 122
 pudding aux myrtilles 109

N
nectarine, corolles aux myrtilles
 et aux nectarines 112
nitrosomonas 20
noisette
 cocktail aux poires, épices
   et noisettes grillées 50
 muesli au miel 44
 streusel aux champignons 90
nouilles japonaises
 curry de légumes verts
   au lait de coco 96
 soupe thaï aux crevettes 68

O
obésité 28-29
œstrogènes 13, 14, 40
œufs 20,21
 flans aux brocolis et aux épinards 66
 sabayon aux fruits 104
 salade italienne aux brocolis
   et aux œufs durs 62
olives, flétan rôti en croûte aux olives 82
oméga-3 (acides gras) 20, 76
orange, salade aux trois fruits
 à la mousse de banane 41
Organisation mondiale de la santé 11, 32

P
pain au tournesol et aux figues 40
pamplemousse, salade aux trois fruits
 à la mousse de banane 41
panais
 maquereaux marinés avec de la
   purée de panais pimentée 81
 poulet rôti aux légumes
   et aux épices 72
 ragoût de bœuf aux légumes 78
papaye, glace indienne aux pistaches
 accompagnée de papaye 106
pastèque, symphonie en rouge 48
patate douce
 maquereaux marinés avec de
   la purée de panais pimentée 81
 poulet rôti aux légumes et aux
   épices 72
pesticides 34
pesto, croûtons au pesto 65
phyto-œstrogènes 14, 15, 31, 51, 60,
 61, 76, 88

pistache, glace indienne aux pistaches
 et à la papaye 106
poids 28-29
poire
 cocktail aux poires, épices et
   noisettes grillées 50
 poires chaudes aux épices 108
poireau, saucisses de porc
 aux pruneaux et aux poireaux 80
poisson 20, 21
 cuisson 26
 huile de poisson 20
poivron
 bloody Marianna 54
 soupe aux carottes et au poivron
   rouge 65
 tartelettes d'avoine à la ratatouille 98
pomme
 bloody Marianna 54
 jus de pomme et de carotte
   au gingembre 52
 le booster du matin 51
 tous au vert ! 55
pomme de terre
 chaussons aux épinards et à la feta 89
 ragoût de bœuf aux légumes 78
porc, saucisses de porc aux pruneaux
 et aux poireaux 80
porridge aux trois céréales 42
portion 16-17
potassium 55, 77, 81, 92, 120
potiron, risotto au riz rouge
 et au potiron 86
poulet
 poulet au boulgour aromatisé
   aux agrumes et aux fruits 74
 poulet rôti aux légumes
   et aux épices 72
 salade épicée au poulet
   et à la mangue 58
préménopause 28
protéines
 aliments riches en protéines 16-17,
   50-51
 régime riche en protéines 35
prune, blinis et compote de prunes
 à la cannelle 105
pruneau
 barres de muesli aux pruneaux 38
 saucisses de porc aux pruneaux
   et aux poireaux 80
pudding aux myrtilles 109
purée
 purée d'abricots 118
 purée de sésame au soja 60

Q
quercétine 15, 120

R
radicaux libres 13, 14
ragoût
 ragoût de bœuf aux légumes 78
 ragoût de haricots rouges
   et de betteraves 92
raisin
 gelée de fruits rouges 110
 poires chaudes aux épices 108
 poulet au boulgour aromatisé
   aux agrumes et aux fruits 74
 sabayon aux fruits 104
ratatouille, tartelettes d'avoine
 à la ratatouille 98
recherche 10-11
régime
 hypercalorique 13
 pauvre en glucides 35
 riche en graisses 13
 riche en protéines 35
risotto au riz rouge et au potiron 86

S
sabayon aux fruits 104
salade
 de carottes et de graines germées 64
 de thon, de haricots mélangés
   et de fèves 61
 épicée au poulet et à la mangue 58
 italienne aux brocolis
   et aux œufs durs 62
 tiède de saumon à l'avocat
   et au sésame 77
sarrasin (farine de), blinis et compote
 de prunes à la cannelle 105
saucisse de porc aux pruneaux
 et aux poireaux 80
saumon, salade tiède de saumon
 à l'avocat et au sésame 77
sel 24
sélénium 14, 15, 76, 81
sésame (graines de)
 purée de sésame au soja 60
 muesli au miel 44
 salade tiède de saumon à l'avocat
   et au sésame 77
soba, voir nouilles japonaises
soja 31
 curry de courges et de graines
   de soja 88
 purée de sésame au soja 60
soleil 34
son, cake au son 118
soupe
 aux carottes et au poivron rouge 65
 thaï aux crevettes 68
steak de thon au fenouil 76
stérols des plantes 15

stockage des aliments 27
streusel aux champignons 90
substances protectrices 14-15
symphonie en rouge 48
système
  immunitaire 9
  lymphatique 7
  sanguin 7

T
tabac 34, 35
tartelettes d'avoine à la ratatouille 98
terpénoïdes 15, 82, 109, 122
thé 32
thon
  salade de thon, de haricots
    mélangés et de fèves 61
  steaks de thon au fenouil 76
tofu, le booster du matin 51
tomate
  bloody Marianna 54
  curry de courges et de graines
    de soja 88
  sauce tomate 89
  steaks de thon au fenouil 76
  tartelettes d'avoine à la ratatouille
    98
tournesol (graines de)
  le booster du matin 51
  pain au tournesol et aux figues 40
tous au vert ! 55
traitement
  régime durant le traitement 5
tumeurs 7
  agents responsables de tumeurs 13

V
végétalisme 30
végétarisme 30
viande 20, 21
  cuisson 26
  stockage 27
virus 9
vitamines
  A 52, 76
  B 16, 76, 77, 78
  C 14, 15, 16, 35, 41, 51, 54, 64, 77, 81,
    98, 102, 104, 120
  D 15, 35, 106
  E 14, 15, 16, 51, 54, 77, 81, 82 116
  suppléments vitaminiques 31
volaille 20, 21

Y
yaourt aux abricots 45

Z
zinc 38, 80

Références scientifiques

Ce livre s'appuie sur des bases scientifiques solides et des recherches rigoureuses. Le texte s'inspire notamment des publications suivantes :

Food, Nutrition and the Prevention of Cancer : A Global Perspective
World Cancer Research Fund, en association avec l'American Institute for Cancer Research, Washington, 1997

Nutritional Aspects of the Development of Cancer
Rapport du groupe de travail sur l'alimentation et le cancer de la Commission sur les aspects médicaux de la politique en matière d'alimentation et de nutrition. Rapport sur la santé et les questions sociales 48. Ministère de la Santé (Royaume-Uni), Londres, 1998]

Diet, Nutrition and the Prevention of Chronic Disease
OMS Rapport technique, série 916. Rapport commun de la Commission d'experts de l'OMS et de la FAO

The Soil Association
www.soilassociation.org

Remerciements

Direction éditoriale : Nicola Hill
Responsable d'édition : Kate Tuckett
Direction artistique : Rozelle Bentheim
Maquette : Beverly Price, on2six creative
Recherche iconographique : Jennifer Veall

Crédits photographiques

Photographies spécifiques : ©Octopus Publishing Group/William Lingwood
Autres photographies : Octopus Publishing Group Limited/Frank Adam 22/ Jean Cazals 25 bas droite/ Stephen Conroy 17 centre/ Sandra Lane 23 haut/ Getty Images 27 bas droite, 28 bas gauche, 29 bas droite